rowohlts monographien
begründet von Kurt Kusenberg
herausgegeben
von Wolfgang Müller

Jakob Michael Reinhold Lenz

mit Selbstzeugnissen
und Bilddokumenten
dargestellt von
Curt Hohoff

Rowohlt

Dieser Band wurde eigens für «rowohlts monographien» geschrieben
Den Anhang besorgte der Autor
Neubearbeitung der Bibliographie (1993) von Wolfgang Beck
Herausgeber: Kurt Kusenberg · Redaktion: Beate Möhring
Schlußredaktion: K. A. Eberle
Umschlaggestaltung: Werner Rebhuhn
Vorderseite: Jakob Michael Reinhold Lenz. Anonyme Zeichnung.
Privatsammlung, Schweiz
Rückseite: Erstaufführung des «Hofmeister»
Residenztheater München, 7. August 1957. Regie: Hanskarl Zeiser
(Peter Arens und Kurt Horwitz)
Foto: Rudolf Betz

Veröffentlicht im Rowohlt Taschenbuch Verlag GmbH,
Reinbek bei Hamburg, August 1977
Copyright © 1977 by Rowohlt Taschenbuch Verlag GmbH,
Reinbek bei Hamburg
Alle Rechte an dieser Ausgabe vorbehalten
Satz Aldus (Linotron 505 C)
Gesamtherstellung Clausen & Bosse, Leck
Printed in Germany
1090-ISBN 3 499 50259 3

4. Auflage. 20.–22. Tausend März 1993

Inhalt

Jakob Michael Reinhold Lenz. Radierung von G. F. Schmoll

DER WANDEL DES BILDES

Lenz stand im Schatten Goethes und seiner eigenen Krankheit. Die Urteile über ihn reichen von der Einreihung unter die Klassiker, der Verwechslung seiner Dramen und Gedichte mit denen des jungen Goethe durch die Zeitgenossen, bis zur Verdammung. Die Gefährten in Straßburg sahen in ihm das Genie, den «Kerl»; mit Goethe tauschte er das Prädikat des *Bruders*. Heinrich Leopold Wagner, Friedrich Maximilian Klinger und der junge Schiller ahmten ihn nach. Lavater und Herder haben ihn nach Kräften gefördert. Hamann hat sich für ihn interessiert. In Moskau suchte Nikolaj M. Karamsin seine Freundschaft und reiste auf seinen Spuren nach Mitteleuropa.

Goethe hat im elften, vierzehnten und fünfzehnten Buch von «Dichtung und Wahrheit» über Lenz geschrieben. Ferner gibt es Bruchstücke aus dem Nachlaß. Sie haben die Literatur über Lenz negativ beeinflußt. Goethe hatte sich anders entwickelt. Er sah bei Lenz wohl die unerschöpfliche Produktivität des Talents, aber auch das Kranke. Es nützte nichts, daß Tieck eine Gesamtausgabe veranstaltete und Brentano Lenz bewunderte. Zwei Generationen später geriet Georg Büchner an den Bericht des Pfarrers Johann Friedrich Oberlin und schrieb seine Novelle «Lenz». Sie enthält, auf geniale Weise, das Psychogramm des schizophrenen Dichters und vertieft die kranken Züge, ohne ein Wort zu sagen über den Dichter, dessen Nachfolger Büchner war. Lenz steht am Anfang einer Reihe von geisteskranken Autoren, deren Schicksale Symbolwert haben: Hölderlin, Lenau, C. F. Meyer, Nietzsche und Lautensack.

Lenz schrieb seine Werke in den wenigen Jahren, die er in Straßburg und in Garnisonen verbrachte. Fülle und Gewicht seiner Werke sind erstaunlich. Er schrieb rasch, leicht und mit Vergnügen, wie es sich für einen «geborenen» Autor gehört: Fünf Jahre lang beschäftigte er sich mit nichts als Literatur, vernachlässigte sein Studium, dachte an keinen Beruf, las und übersetzte, schrieb großartige Briefe, hielt Vorträge, gründete eine neue literarische Tischgesellschaft in Straßburg und gab ihr Ideen. Aber sein Leben war unglücklich. Er brachte es zu nichts, und als Goethe, tief verärgert, ihm in Weimar buchstäblich den Laufpaß geben ließ, brach Lenz zusammen, er wurde «verrückt». Die Krankheit ist nicht zu erklären. Vielleicht war sie eine Folge von Überanstrengungen, vielleicht von Einsamkeit. Lenz' Isolierung, sein Verfolgungswahn, seine religiösen Wahnvorstellungen, Selbstmordversuche und eingebildeten Liebesverhältnisse sind eher Folgen als Ursachen der Krankheit.

Die Verbindung von Leben und Dichtung erscheint bei Lenz besonders eng, aber nicht so, daß sein Leben «Stoff» seiner Gedichte, Dramen und Erzählungen gewesen wäre. Für Lenz war das Leben poetisch und die Dichtung war ihm Leben. Dichterische Einbildungskraft beherrschte seine Existenz. Besonders deutlich ist das in der Liebe zu Mädchen und Frauen. Er hat viele geliebt, aber keine hat ihn geliebt.

Seine Dramen und Geschichten stellen gewöhnliche und banale Menschen dar, prosaische Naturen, diese aber genau in Wort, Miene, Geste, Bewegung und Tat. Bei Plautus entdeckte er die Komik des an seinen Stand gebundenen Menschen, des Sklaven, des vom Vater abhängigen Sohnes, der Hetären und der Soldaten. Dies Personal tritt in seinen Dramen auf – ein Hohn auf die Idee der Freiheit. Bei Shakespeare sah er die Spannung zwischen Tragödie und Komödie, die Beweglichkeit und die Freiheit von Regeln. Die Menschen sind keine *Charaktere*; sie werden bestimmt von ihrem Stand, ihrer Schwäche und ihren Vorurteilen: Lenz hat die Bewegung zum Idealismus eines Schiller und Goethe nicht mitgemacht. Hebbel warf ihm 1839 vor, er habe «kein System» gehabt, der Lebensprozeß werde nicht anschaulich, er bleibe wirr und chaotisch.[1]*

Erst die Naturalisten sahen in Lenz einen Vorläufer; Max Halbe und Frank Wedekind huldigten ihm. Gerhart Hauptmanns frühe Dramen zeigen von außen, von den Verhältnissen gesteuerte Menschen. Lenz brach mit dem dogmatischen Christentum seines Vaters und fand ein Christentum der Liebe. Nicht geliebt zu werden ist die Qual, endlich Liebe zu finden ist das Glück seiner Personen. Er schilderte die Einsamkeit und Verlassenheit des modernen Menschen und litt buchstäblich *Tantalus*-Qualen in der säkularisierten Welt.

Seit 1909 erschienen Ausgaben seiner Werke von Ernst Lewy und Franz Blei. Damals begann Karl Freye Dokumente und Briefe zu sammeln. Den Höhepunkt moderner Lenz-Rezeption bildete Bertolt Brechts Bearbeitung des *Hofmeister*[2]. Die Gegenstimme erhob Friedrich Gundolf[3], Lenz' einziges Verdienst um die deutsche Literatur sei Goethes Porträt in «Dichtung und Wahrheit». Ein russischer Germanist, M. N. Rosanow, schrieb die umfassende Biographie.[4] Lenz war russischer Untertan und bemühte sich in seinem letzten Jahrzehnt, die Deutschen mit dem russischen Wesen vertraut zu machen. Sein letzter Freund war Nikolaj M. Karamsin, der Meister der russischen Geschichtsschreibung.

---

* Die hochgestellten Ziffern verweisen auf die Anmerkungen S. 134 f.

Lenz ist am 23. Januar 1751 in Seßwegen in Livland geboren. Die Familie stammte aus Pommern. Der Vater, Christian David Lenz, war in Köslin geboren und 1742 als junger Prediger in die mittlere der russischen Ostseeprovinzen gegangen. Dort waren die Pfarren besser dotiert als in den armen Provinzen Preußens. Das Bürgertum und der Adel der baltischen Provinzen waren deutsch. Peter der Große hatte ihnen bei der Erwerbung des Baltikums die Erhaltung deutschen Rechts, deutscher Sprache und des evangelischen (lutherischen) Glaubens zugesichert. Die eingeborene Bevölkerung spielte politisch keine Rolle. Lenz scheint in seiner Jugend Brocken der estnischen Sprache aufgeschnappt zu haben. Russisch lernte er viel später. Geistig empfand die Oberschicht der Ostseeprovinzen deutsch, politisch dachte man russisch. Die Familie Lenz begriff sich als russische Untertanen. Mehrere Brüder brachten es in russischen Diensten zu angesehenen Stellungen, einer wurde «Kollegienrat» in der Ministerialbürokratie. Nachdem Jakob Lenz in Deutschland gescheitert war, suchte er in russischen Diensten weiterzukommen.

Seßwegen war die zweite Pfarre des Vaters. 1759 kam dieser als deutscher Prediger an die St. Johannisgemeinde in Dorpat. Hier hat Lenz seine Schulzeit verbracht. Dorpat hat er als seine Jugendheimat angesehen. Es war eine aufstrebende Mittelstadt mit einer Lateinschule. Die Häuser der Vorstädte waren aus Holz gebaut und wurden häufig von verheerenden Feuersbrünsten heimgesucht. Den gesellschaftlichen Umgang der Familie Lenz bildeten Theologen, Lehrer und andere Honoratioren. Die Adligen aus der Umgebung und die Pastoren der Landgemeinden gehörten dazu. Im *Hofmeister* und anderen Dramen treten sie auf.

Christian David Lenz war verheiratet mit Dorothea, geb. Neoknapp, einer livländischen Pfarrerstochter. Sie gebar ihm acht Kinder, fünf Söhne und drei Töchter. Jakob, der zweite Sohn, war das vierte Kind. Er scheint ihr Liebling gewesen zu sein, vielleicht weil er körperlich zart und klein war. Der Vater sah in Jakob das begabteste seiner Kinder. Er war bitter enttäuscht, als dieser Sohn ins Ausland ging und sich in Straßburg mit einer rebellischen Bohème einließ. Der Alte war ein guter Prediger, ein Geistlicher der orthodoxen Richtung mit pietistischen Neigungen. Als theologischer Autor war er bekannt. Wenn er von den Wolff-Schülern, den «Neologen», hörte, welche die kirchlichen Dogmen dem Urteil der Vernunft unterwarfen, geriet er in Zorn. Sein ältester Sohn folgte ihm in seinen Ämtern nach. Für Jakob blieb der Vater eine verehrte und gefürchtete Figur. Die Familie war arm. Anscheinend hat sie ihre materiellen Möglichkeiten (Pacht, Abgaben und andere Leistungen) nicht ausgenützt.

Die Kritik an den Verhältnissen der Heimat, dem feudalen System, der Leibeigenschaft für die eingeborenen Bauern, dem Vorrang des Adels, schlug sich später in vielen Projekten des Schriftstellers Lenz nieder und ging in die Thesen der Dramen ein. In Straßburg plante er eine Briefserie über nationalökonomische Fragen des Bauernstandes. Sie sind als *Briefe eines im Elsaß lebenden livländischen Adligen an seine Mutter* stilisiert. Es heißt dort: *Liebe Mama! wenn ich nach Hause komme, soll alles anders werden. Ich sehe, es kommt nichts dabei heraus, wenn der Bauer wie das Vieh gehalten wird, er wird faul und unlustig. Es will ja bei uns mit nichts recht fort. Der Herr Professor sagt: Die Schuld liegt am Bauer, denn der Bauer ist die Stütze des Staats. Wissen Sie, wie ich's mache, wenn ich nach Hause komme? Ich lasse mein ganzes Gut aufnehmen nach Ruthen und Schuhen . . . Alsdenn laß ich alle meine Bauren aufschreiben, Jungens und Mädchen, Große und Kleine . . . Alsdenn berech-*

Dorpat. Holzschnitt

*ne ich nach hiesigem d- (deutschen) Fuß, wieviel ein Bauer wohl Acker
braucht, um damit für sich und seine Familie honett auszukommen und
der Herrschaft ihre Fronen ohne Beschwer zu entrichten.*[5]

Der junge Lenz hat sich im Verband der Familie und ihres Freundes-
kreises wohl gefühlt. Widerspruchslos akzeptierte er die biblische Grundlage des Lebens, die Vorbilder des Neuen und Alten Testaments und alles,
was Schule und Elternhaus ihm an Bildung vermittelten. Klopstocks
Ruhm war längst nach Dorpat gedrungen; die Übereinstimmung des
nationalen mit dem lutherischen Pathos wirkte wie eine Bestätigung und
Überhöhung des geistigen Lebens. Karl Wilhelm Ramler und Ewald
Christian von Kleist gehörten zu den Vorbildern des Schülers und Studenten Lenz; vor allem aber ging der Stern des jungen Pädagogen und
Predigers Johann Gottfried von Herder in der Hauptstadt Riga auf. In
wenigen Jahren hatte sich der Pastor adjunctus als Verfasser der «Frag-

Ewald Christian von Kleist. Gemälde von Hempel

mente» und der «Kritischen Wälder» zum geistigen Präzeptor der Ostseeprovinzen erhoben und beherrschte das im Hause Lenz gelesene Feuilleton der «Rigischen Anzeigen». Herder träumte von einer Karriere im Reich der Kaiserin Katharina II. Ihr widmete er seine Oden und verkündete: «Die Ukraine wird ein neues Griechenland werden.»[6]

Als Dorpater Schüler schrieb Lenz seine ersten Gedichte und Dramen. 1766 erschien das Gedicht *Der Versöhnungstod Christi* in den gelehrten Beiträgen der «Rigischen Anzeigen». 1767 schrieb er ein biblisches Drama über *Dina*, das Töchterchen des Jakob mit seiner Magd Lea (1. Mos., Kap. 34). Das Stück ist verloren, wegen seines Themas aber wichtig für Lenz. Da Dina von Sichem «geschwächt» wird, nehmen ihre Brüder

Johann Gottfried von Herder. Gemälde von J. L. Strecker, 1775

Rache an den Männern von Sichem. *Dina* ist ein Phänotyp vieler Mädchen bei Lenz: Unschuldig wird sie zur Verführerin. (Vielleicht hat Lessings «Emilia Galotti» Lenz angeregt.) Der Kastrationskomplex taucht hier zum erstenmal auf. Mit den Figuren des Kirchenvaters Origenes, der sich selbst kastriert hatte, und des scholastischen Philosophen Peter Abälard[7], der auf Befehl des Onkels der verführten Héloïse kastriert wurde, hatte sich bereits ein Freund der Familie Lenz, der Pastor Hupel in Oberpahlen, beschäftigt. Hupel trat unter Berufung auf Matth. 19, 10–12, für Selbstkastration ein. Die Katastrophe des *Hofmeister* hat hier ihre Vorgeschichte.

Im Jahre 1766 hatte Lenz aus Anlaß der Hochzeit von Bekannten ein kleines Drama geschrieben, das *Der verwundete Bräutigam* hieß und am Vorabend der Hochzeit im Kreis der Familie und Gäste aufgeführt wurde. Dem Stück lag ein Vorfall zugrunde, der sich in der Nachbarschaft ereignet hatte. Baron J. R. von Igelström hatte sich als Offizier in russischen und preußischen Diensten ausgezeichnet. Er hatte einen Kammerdiener aus Deutschland mitgebracht und diesen wegen eines geringfügigen Vergehens körperlich gezüchtigt. Der Deutsche nahm Rache, indem er den Baron im Bett überfiel und lebensgefährlich verletzte. Die geplante Hochzeit mußte verschoben werden, und als sie im August 1766 nachgeholt wurde, spielte man Lenz' erstes Drama. Die Namen der Personen waren nur leicht verschlüsselt. Der Stil ist pathetisch sentimental. Vor allem fällt die Raffung der Ereignisse auf, so daß man den Eindruck gewinnt, Verlobung, Bluttat, Schmerz der Braut, ihr Entschluß, dem totgeglaubten Bräutigam nachzusterben, und die Genesung seien ein einziger Ablauf. Der soeben dem Anschlag entgangene *sterbende* Schönwald umarmt sein *Lenchen*:

Schönwald: Wie hinreißend Sie sind, Lenchen! O Gott, du kannst ein so zärtliches Paar nicht trennen. Genug schwarze Schicksale! Genug gestraft! Du wirst nicht ewig Gericht halten.[8]

Daß Schicksalsschläge Strafen Gottes sind war eine Lehre, welche Lenz kurz darauf in einem Epos wieder aufnahm. Im *Verwundeten Bräutigam* ist die Regie erstaunlich: *Lenchen* stellt mit dem Satz: *Mein Allerliebster! Wie werde ich mich freuen, wenn ich heut bei Tisch an Ihrer Seite sitzen kann!* den Anschluß an die Spielsituation, den Polterabend, her. Der Diener ist ein Opfer der Gesellschaft. Seine mit dem Standpunkt der Ehre begründete Rache an dem Baron wird aber als Untat eines Bösewichts dargestellt. Er beteuert: *Bin ich denn ein Hund, daß ich mich zu seinen Füßen krümmen soll? – Ich diene nicht bloß um Geld. Ich diene ehrenhalber. – Nimmt mir mein Herr meine Ehre, so nimmt er mir alles.*[9] Lenz hat die Konstellation des Zwangs mehr erahnt als begriffen, deren teils schuldige, teils unschuldige Opfer seine späteren Figuren werden sollen.

Das Motiv der *Verwundung* eines *Bräutigams* und des dadurch bedingten Aufschubs der Hochzeit steht in der Nähe des *Dina*-Motivs.

Kurz darauf, noch als Schüler in Dorpat, begann Lenz sein Versepos *Die Landplagen*.[10] Es folgt dem Vorbild der ägyptischen Plagen im 2. Buch Mose: *Der Krieg, Die Hungersnot, Die Feuersnot, Die Wassersnot* und *Das Erdbeben*. Die literarischen Schnittmuster sind James Thomsons «Jahreszeiten», Klopstocks «Messias» und Ewald von Kleists «Frühling». Alle diese Plagen, Krieg, Brand, Hunger und Wassersnot, hatte Dorpat erlebt. 1763 war ein Teil der Stadt abgebrannt, die Berichte über das Erdbeben von Lissabon hatten Europa erschüttert, und aus Anlaß des

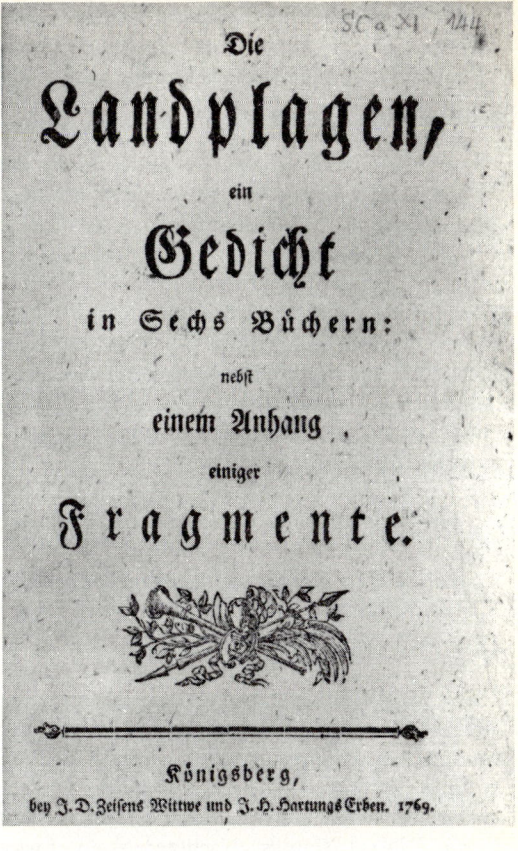

Die

Landplagen,

ein

Gedicht

in Sechs Büchern:

nebst

einem Anhang

einiger

Fragmente.

Königsberg,
bey J.D.Zeifens Wittwe und J.H.Hartungs Erben. 1769.

Brandes der Stadt Wenden hatte Pastor Lenz eine ärgerniserregende Predigt drucken lassen: «Das schreckliche Gericht Gottes über das unglückselige Wenden an dem Bilde des ehemals zerstörten Jerusalems». In Lenz' Epos tritt der Gedanke des göttlichen Strafgerichts zurück hinter vielen melodramatischen Szenen. Da gibt es einen Sohn, der in das pestverseuchte Vaterhaus kommt:

Ein verreiseter Sohn kehrt um zu den wartenden Eltern,
Schmeckt den süßen Kuß des frohen Vaters zum voraus
Und der weinenden Mutter. Indem er der Wohnung sich nahet,

15

Schwebt die Ahndung ihm nach: Sie wendet die giftige Urne
Über sein Haupt um, beströmt ihn mit Angst und leitet vom Antlitz,
Das wie Rosen geglühet, das Blut hinunter zum Herzen.
Schnell behüpft er die Treppe, öffnet die Türe mit Zittern,
Guckt ins Vorzimmer, schlüpft in den Saal: Findt alles öde.
Kindliche Tränen stehen bereit im blitzenden Auge:
«Wie ist alles hier öd'!» Er steht, sieht um sich und rufet
Mit erbebender Stimme: «Mein Vater, wo bist du, mein Vater?»[11]

Für das ganze Epos gelten Drastik der Szene und Gefühl für den
Rhythmus der Sprache. Lenz scheut keine Tonbeugungen, so daß manche Zeilen gezwungen wirken. Die Weite des menschlichen und literarischen Horizonts ist für einen sechzehn- oder siebzehnjährigen Verfasser
erstaunlich. Er versteht den moralischen Gehalt mit Bildvergleichen
deutlich zu machen, als hätte er Lessings «Laokoon» und dessen Muster-
stücke aus dem Homer gelesen:

O der furchtbaren Plage! Der ganze Mensch empört sich
Bei ihrer Vorstellung. Muse, auch du fühlst Schaudern: So schaudert
Ein mitleidiger Herold, wenn er dem bangen Gefangnen,
Der mit tränenschwellendem Auge sein Urteil erwartet,
Seltne Martern verkündigt.[12]

Lenz hat die *Landplagen* mehrfach überarbeitet, bevor er sie 1769 in
Königsberg als Buch herausbrachte. Äußerlich folgte er dem Schema der
puritanischen Bußpredigt: alle Schicksalsschläge sind Strafen Gottes.
Darunter bemerkt man den Einfluß einer damals unerhört modern wir-
kenden Weltschmerzdichtung, welche schon Klopstock beeindruckt hatte, von Edward Youngs «Nachtgedanken». Spätestens in Königsberg
muß Lenz sie kennengelernt haben. Youngs «Nachtgedanken» und
Rousseaus Briefroman «Die neue Héloïse» boten die formalen und the-
matischen Schnittmuster seiner Dichtungen. Hier taucht der einsame,
der Verzweiflung nahe Mensch auf. Während dieser Mensch bei Young,
Rousseau und Klopstock ins Erhabene oder Melancholische stilisiert
wurde, tritt er bei Lenz unter das Gesetz des Alltags und der Zufälle, der
Bindungen und Vorurteile. In Livland stand Lenz noch unter dem Eindruck der religiösen Deutung. Wenn die in Felle gehüllten *Wilden* der
Vorzeit während des *Erdbebens* von heißer Lava getötet oder durch
Felsbrocken erschlagen werden, so ist das für Lenz ein Anlaß zu predigen,
die Menschen sollten nicht *dem Zorn des Ewigen* trotzen. Erst in Königsberg wird er sich von diesem Schema befreien und den Menschen als
weitgehend ratlos entdecken.

Lenz war frühreif. Aus der besonderen Organisation seiner Persönlichkeit entstanden die Dichtungen. Als er sein Gedicht über den *Versöhnungstod Christi* geschrieben hatte, nannte ein Freund des Vaters ihn ein Genie. Die ganze Familie nahm Anteil an seiner Entwicklung. Vor einigen Jahren entdeckte Dokumente aus dem Nachlaß der Familie Lenz beweisen, wie sehr sich der Vater der Erziehung und Bildung seiner Kinder und vor allem Jakobs gewidmet hat.[13] Er war keineswegs ein Zelot, wie Rosanow meinte. Die mit den Söhnen, und später mit Herder und Hamann, gewechselten Briefe des Oberpastors beweisen, daß er seine Vaterrolle mit religiösem Ernst auffaßte. Den besten Weg, die Söhne zu fördern, sah er im Studium der Theologie. Auf diese Weise hatte er, der Sohn eines Schmiedes, es weit gebracht und sollte es noch weiter, zum Generalsuperintendenten von Livland, bringen.

So sandte er Jakob mit siebzehn Jahren und den ein Jahr jüngeren Christian auf die Universität (*Akademie*) Königsberg. Lenz fand bald heraus, daß die *Akademie wenig oder gar nichts wert* sei.[14] Es gab nur e i n e n Lehrer von Rang, und das war Immanuel Kant, der über alle Gebiete las, von Moral und Metaphysik bis zur Naturwissenschaft und Anthropologie. Indirekten Zeugnissen ist zu entnehmen, daß Lenz Kant gehört hat. Johann Friedrich Reichardt, der Komponist, erinnerte sich später: «In den Jahren 1769 und 70 studierte ich mit ihm [Lenz] in meiner Vaterstadt Königsberg. Nur selten kam er in die Vorlesungen einiger Professoren; bald fast nur ausschließlich in die Vorlesungen unseres verehrungswürdigen Lehrers Kant . . . Eine sehr vermischte Lektüre und eigene poetische Ausarbeitungen beschäftigten ihn ganz, so oft er in seiner kleinen Kammer allein sein konnte.»[15]

Im Jahre 1770 bewarb sich Kant um einen Lehrstuhl für Logik und Metaphysik. Aus diesem Anlaß verfaßte Lenz im Auftrag seiner livländischen und kurländischen Kommilitonen ein Gedicht: *Als Sr. Hochedelgebornen der Herr Professor Kant, den 21. August 1770 für die Professur Würde disputierte.*[16] Lenz hat sich wenig um die theologischen Fächer gekümmert und legte nach fünf Semestern auch nicht die vorgeschriebene Prüfung ab – was nicht heißt, daß er das theologische Studium leichtgenommen habe. Seine theologischen Schriften und die späteren Briefe bezeugen lediglich die Abkehr von der pietistischen Richtung. Lenz beruft sich auf Leibniz und Spalding und schließlich auf Herder. In den *Meinungen eines Laien* ist dieser Vorgang abgeschlossen.

Lenz hat in den Königsberger Semestern die literarische Bildung der Zeit in sich aufgenommen. Die wichtigsten Namen waren Klopstock, Lessing, Thomson, Milton, Rousseau, Shaftesbury, Pope und Shake-

Königsberg. Kupferstich, um 1766

speare. Popes «Essay on Criticism» hat er aus dem Englischen übertragen.[17] In die Königsberger Zeit fallen die ersten Versuche, Plautus und Shakespeare zu übersetzen. Er las nicht nur «Literatur», sondern Aufklärungsschriften zur Politik, Bauernbefreiung, Strategie und Volkswirtschaft.[18] Der Einfluß Kants und Rousseaus blieb in seinem Werk lebendig. Sonderbarerweise scheint er von Hamann, dem Königsberger Freund Kants, keine Notiz genommen zu haben. Hamann hat erst im November 1774 durch Herder, als Lenz in Straßburg war, erfahren, daß Goethe «einen Livländer, Lenz, zum Nebenbuhler seiner Laufbahn, den Verfasser des *Hofmeisters* und *neuen Menoza*» habe.[19]

Die Lebensverhältnisse der Brüder Lenz waren äußerst bescheiden. Sie studierten mit Hilfe eines Stipendiums der Stadt Dorpat, das so beschränkt war, daß sie auf väterliche Zuschüsse angewiesen waren: *Vergeben Sie,* schreibt Lenz, *unser öfteres unverschämtes Geilen nach Geld: Die Not lehrt hier beten und betteln. Gegen den Winter kommen viel neue Ausgaben: Holz, ein neuer Schlafrock, Tisch – – – Grüßen Sie doch alle Verwandte und Freunde, besonders aber meine teuerste Frau Mama 100000mal von Ihrem gehorsamsten Sohn I. M. R. Lenz.*[20] Der Vater antwortet mit umständlichen Ermahnungen, schickt aber kein Geld. Er beschwört die Söhne, keine Schulden zu machen; die Familie sei groß, er selber sei arm. Später warnt er die Brüder, eine Stelle als Hofmeister oder Sekretär zu suchen: «Erst Hofmeister, dann Sekretär. Ein schlechter wohl nicht, damit er dich abdanken [entlassen] könne. Nein, nein, ein guter, folglich ein ewiger Sekretär, so wie Dein Mutterbruder Neoknapp, ein ewiger freier Untertan seines Hauses, der nie sein eigenes Vermögen, nie heiraten, nie selbst eine Wirtschaft führen kann, immer die Füße unter einen fremden Tisch strecken muß.»[21]

Auch andere Flausen treibt der Vater ihnen aus. Sie sollen nicht in Ostpreußen eine Pfarre suchen, «wo die armen Prediger das Hungerbrod fressen», sondern nach Livland kommen. Auch sei es falsch, auf eine Stelle in Danzig zu hoffen, wo doch die Danziger ihre Pastoren aus den

Immanuel Kant. Gemälde von Döbler, 1781

Katharina II., Zarin von Rußland

Reihen der Doktoren und Professoren der Universitäten zu holen pfleg-
ten. Er empfiehlt den Söhnen Livland; dort habe die Familie Lenz einen
guten Namen, und dieser Name sei soeben, durch das Erscheinen der
Landplagen, so gehoben worden, daß die Gönner der Familie Kontakte
zum Hof in St. Petersburg und bei der Majestät selbst herstellen könnten! Das hatte freilich Jakob auch schon bedacht; er hatte ein schön
gebundenes Exemplar der *Landplagen* mit einer Widmung an Katharina
die Große in die Hauptstadt geschickt.

Trotz Vorschlägen, Bitten und Winken des Vaters dachte Jakob nicht an Livland. Er hatte sich geistig frei gemacht und wartete offenbar nur auf eine Gelegenheit, auch ökonomisch unabhängig zu werden. Er hatte nicht den Wunsch nach einer Karriere; dazu fehlte ihm der Wille. Was er wollte war geistige Unabhängigkeit, freie literarische Tätigkeit. Er fühlte, daß er dem Geist des Plautus und Shakespeare, der Moral Rousseaus und Shaftesburys näher war als der Bibel und der Theologie. Kurze Zeit

Jean-Jacques Rousseau. Büste von Houdon

machte er den Hofmeister bei adligen Familien und begriff die Widersprüche der zeremoniellen Welt zu einer geistigen Existenz. So benützte er 1771 eine Gelegenheit, die zwei Mitstudenten ihm boten. Die Brüder Friedrich Georg und Ernst Nikolaus von Kleist boten ihm an, als ihr «Mentor» nach Südwestdeutschland zu reisen. Sie wollten als Offiziere in französische Dienste treten.

Lenz empfahl sich den jungen Herren durch Bildung und Gewandtheit, Sprachkenntnisse und höfliche Umgangsformen. Er sprach Französisch, einigermaßen Englisch und leidlich Italienisch. Reise, Wohnung und Kost waren frei. Die jungen Leute freundeten sich rasch an. Die Barone sahen in Lenz ihren Vertrauten; er hatte schon als Schüler in Dorpat ein Hobby entwickelt, das ihn mit den Berufsabsichten der Kleists verband: Militär- und Festungswesen und das Leben der Soldaten. Über Berlin und Leipzig gelangten sie nach Straßburg. Lenz hatte Pope, Shakespeare, Plautus, wahrscheinlich auch Fielding und Sterne im Gepäck. Der Familie gegenüber wurde als Zweck der Reise die Fortsetzung des Studiums in Straßburg angegeben; aber daraus wurde nichts, und niemand glaubte es. Für den Vater – und vor sich selbst – war Lenz der verlorene Sohn.

Lenz und die Brüder von Kleist hatten Königsberg nach Ostern 1771 verlassen und werden gegen Ende Mai in Straßburg angekommen sein. Kurz darauf, Anfang Juni, machte Lenz die Bekanntschaft Goethes, der seit einem Jahr in Straßburg studierte. Vermutlich haben sie sich bei der Tischrunde des Aktuars Johann Daniel Salzmann kennengelernt. Zu den Tischgenossen gehörten der Theologiestudent Franz Christian Lerse, der Mediziner Friedrich Leopold Weyland, welcher Goethe in Sesenheim bei der Familie Brion einführte, der Dichter Heinrich Leopold Wagner («Die Kindermörderin»), Johann Heinrich Jung, genannt Stilling, und einige andere. Goethe hatte Examen und Dissertation hinter sich und benützte die Zeit zu Ausflügen ins Oberelsaß. Nach der Promotion am 6. August 1771 nahm Goethe Abschied von Friederike und kehrte am 14. August nach Frankfurt zu den Eltern zurück.

Die wichtigste Gestalt, der Straßburger «Meister» Herder, war seit April abgereist. Lenz hat ihn erst in Weimar kennengelernt. Herder hatte Goethe entscheidende Impulse gegeben, ihn auf Homer, Pindar, Shakespeare, Ossian, Hamann und die englische, deutsche und slawische Volkspoesie hingewiesen. Herder, umfassend gebildet, fünf Jahre älter, mit Erfahrungen im Leben und in der Wissenschaft, der Schüler Kants und Hamanns, war für Goethe eine Offenbarung – das Vorbild für Doktor Faustus.

So wie Goethe von Herder war Lenz von Goethe überwältigt. Aber auch Goethe muß tief betroffen gewesen sein. Die Freundschaft ging weit hinaus über den sentimentalen Kult der Zeit. Sie nannten sich nicht nur, studentischer Sitte der Zeit gemäß, sie w a r e n *Brüder*. Eine anspielungsreiche scherzhafte Darstellung ihres Verhältnisses nannte Lenz *unsere Ehe*. Im *Pandaemonium Germanicum* erscheint Goethe als strahlender Apoll, als *Bruder Goethe*; er ruft Lenz zu: *Bist mir willkommen, Bübchen. Es ist mir, als ob ich mich in dir bespiegelte.*[22] Lenz und Goethe waren nicht mehr als zehn Wochen in Straßburg zusammen – wobei Goethes Ausflüge und die Besuche in Sesenheim abzuziehen sind. Zu einer persönlichen Begegnung kam es erst wieder nach vier Jahren, als Goethe, auf der Rückreise aus der Schweiz, mit Stolberg fünf Tage in Straßburg Station machte. Goethe hatte den Sturm und Drang hinter sich; auf Lenz muß er einen noch größeren Eindruck gemacht haben als 1771. Er schrieb an Sophie von La Roche: *Ich habe mit Göthen Göttertage genossen, von denen sich nichts erzählen läßt.*[23] Der Kontakt war durch Briefe aufrechterhalten worden – aber der Briefwechsel Lenz–Goethe ist, von Zufallsresten abgesehen, nicht erhalten.

Johann Daniel Salzmann, fast 50 Jahre alt, war der Vorsitzende der

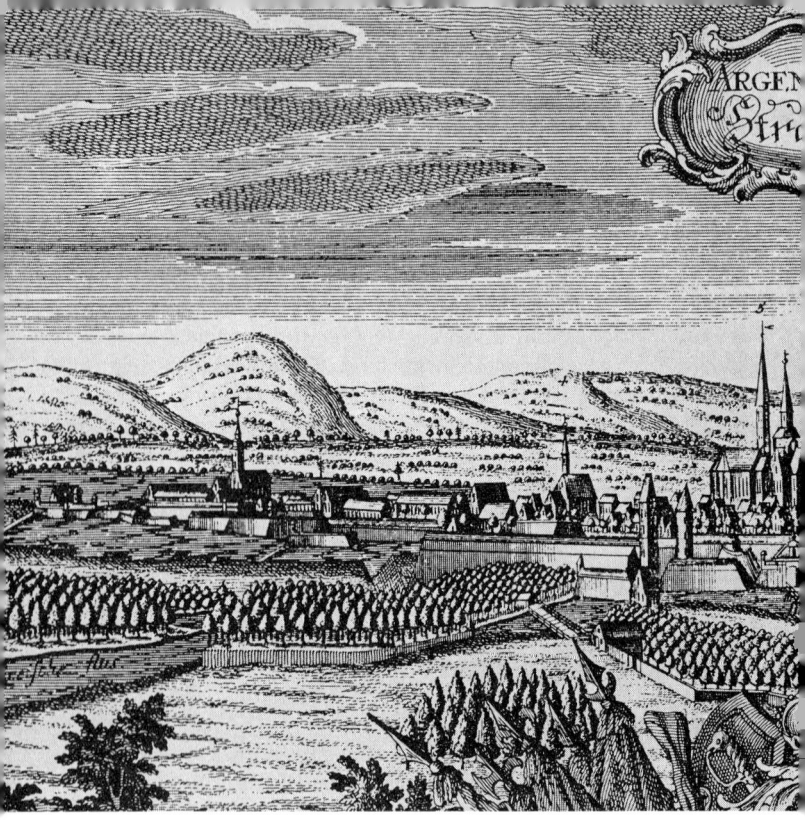

Sozietät oder *Gesellschaft* des literarischen Straßburg. Hier trafen sich Studenten, junge Autoren und Gäste zu einer Tischrunde. Man speiste, diskutierte, rauchte und trank Wein. Vor dieser Gesellschaft trug Lenz Teile seiner Shakespeare- und Plautus-Übertragungen vor. Im Laufe der Zeit wurde er zum Ehrenmitglied ernannt. Oft bestritt er als einziger die Abende. In Salzmann sah er seinen *Freund*, seinen *Sokrates*. Ihn bat er zu bedenken, daß dies für ihn *die Jahre der Leidenschaften und Torheiten sind*[24]. Er vertraute Salzmann nicht nur seine literarischen Pläne an, sondern auch die Sorgen um seine geistige und theologische Entwicklung und die Beziehung zur Familie in Livland.

Es ist eine Übertreibung, zu sagen, Lenz habe «in Straßburg» gelebt. Seine Stellung als Begleiter der Brüder von Kleist brachte es mit sich, daß

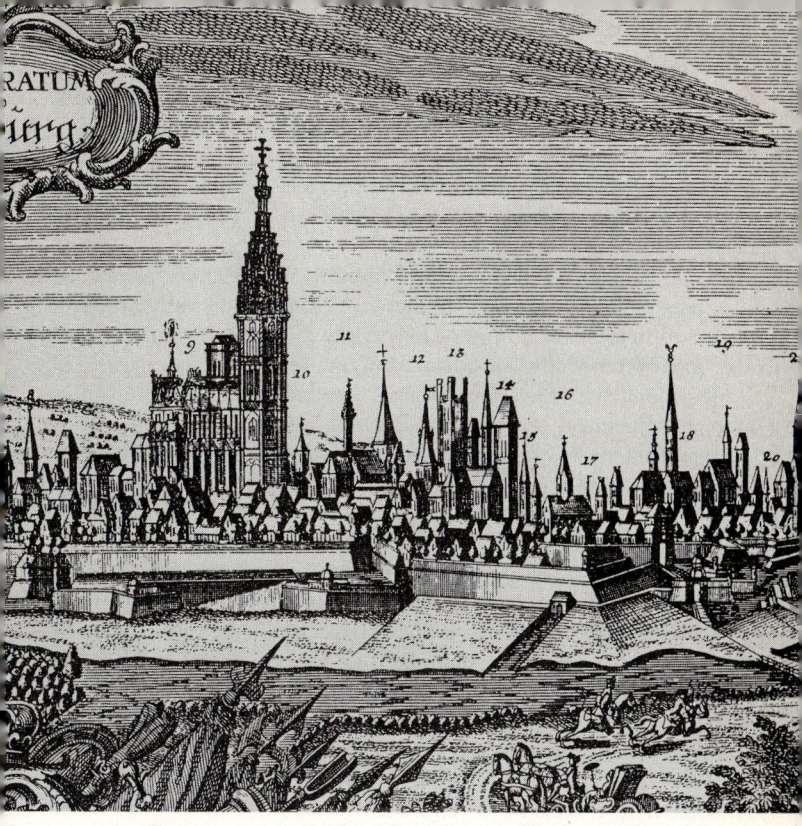

Straßburg, um 1750. Kupferstich von M. Engelbrecht nach F. B. Werner

er ihre Garnisonen teilte, und diese waren oft recht triste Plätze. In Landau und Weißenburg gab es Kontakte mit der Bevölkerung, aber die vielen Monate in Fort Louis (vom Frühjahr bis Wintersanfang 1772 und dann noch einige Male) waren trostlos. Fort Louis, heute ein Dorf, war eine französische Festung auf einer Insel im Rhein, etwa dreißig Kilometer flußabwärts von Straßburg. Gegenüber lag Sesenheim. Lenz konnte nichts tun, als das außerdienstliche Leben der Soldaten teilen. Während der Dienststunden schrieb er. Jedesmal wenn er nach Straßburg kam, las er den Freunden der Tischgesellschaft Gedichte, Übertragungen, Dramen und Erzählungen vor. (Die Protokolle der Abende sind die sichersten Daten für die Entstehung der Lenzschen Werke.) In wenigen Jahren drängte sich alles zusammen – ähnlich wie bei Goethe, der in dieser Zeit den Faust, Götz, Werther, einen «Caesar», die Arbeiten über deutsche Baukunst, Shakespeare, Ossian, zahlreiche Gedichte («Mahomet», «Prometheus») und vieles andere schrieb. Die Zeugnisse der Freundschaft Goethes mit Lenz muß man in den Briefen Goethes an Lavater und Merck suchen. So nennt Goethe im Herbst 1773 Lenz, in einem Brief an Merck, «einen trefflichen Jungen, den ich wie meine Seele liebe».

Es fällt auf, daß Goethe Lenz mit Diminutiven bezeichnet, er nennt ihn «Lenzchen». Das ist zärtlich-freundschaftlich gemeint, verrät aber auch einen physiologischen Umstand: Lenz' Kleinheit. Er war ein sehr zierlicher und zarter Mann, ein Männchen, und hatte ein Kindergesicht mit langen blonden Locken. Das Gesicht war bleich, der Ausdruck etwas starr. Lenz liebte es, sich gut und adrett zu kleiden. An der körperlichen Zartheit sind Lenz' Versuche, Soldat zu werden, gescheitert. Er liebte es, in Straßburg und Weimar Soldaten beim Exerzieren zuzuschauen. Mit der Figur stimmte das Auftreten überein. Er war von Natur schüchtern, zugleich aber selbstbewußt; die geistige Überlegenheit reichte zur Autorität nicht aus, zumal sie sich bei Lenz komisch-grotesk und oft boshaft ausdrückte – das ist es wohl, was Goethe «fratzenhaft» an ihm fand. Im Umgang mit Bekannten war er liebenswürdig und gewandt. Er erregte bei vielen von ihnen das Empfinden, sie müßten ihm helfen und ihn fördern – nicht aus Mitleid, weil er in praktischen Fragen hilflos war, sondern weil man einem genialen Mann gern hilft. Goethe, Lavater, Herder, Wieland, Schlosser, der Herzog von Sachsen-Weimar und andere haben geholfen und gefördert bis an die Grenzen ihrer Möglichkeit, bis schließlich nicht mehr zu helfen war.

Bis zum Herbst 1774 waren die Brüder von Kleist in Straßburg. Ihre Gesellschaft enthob Lenz materieller Sorgen. Das wurde anders, als die Brüder nach Livland zurückkehrten. Lenz war zwar inzwischen als Autor bekannt und berühmt, aber er hatte keine Einkünfte und mußte sich durch Stundengeben über Wasser halten. Zu den Fächern, die er lehrte, gehörten die deutsche Sprache, Geographie und Geschichte und sein Hobby – Fortifikationslehre und Soldatenwesen. Die Familie machte sich Sorgen um ihn. Im November 1774 schrieb Lenz an seinen Bruder Johannes Christian:

Du willst mein Schicksal wissen. Liebe Seele, was ist dir's gedient damit? Daß ich Dich liebe, weißt du, darum hätt ich immer noch länger schweigen können. Ich bin jetzt frei, atme das erste Mal dreist aus. Der älteste Kleist ist nach Kurland gereist, um wiederzukommen, woran ich doch itzt zu zweifeln anfange. Sein jüngster Bruder aus Frankfurt/Oder (Nicolaus Hieronymus von Kleist, der dritte Bruder) *kam grad an, als der andere abging, und ich mußte ein viertel Jahr bei ihm bleiben. Jetzt*

Goethe. Bleistiftzeichnung von Georg Melchior Kraus, 1776

bewohn ich ein klein Zimmer (bei der Jungfer Luise König, die viel für Lenz tat), *speise täglich an meinem Tisch, wo einige meiner Freunde mitessen (die einzigen, die in Straßburg Liebhaber der echten Wissenschaften zu sein sich nicht schämen) und unterhalte mich ein wenig mühselig von Lektionen, die ich meinen Landsleuten in der deutschen Sprache und in der Geschichte ihres Vaterlandes – ich meine Polen, Kurland, Rußland – gebe, da hier sehr teuer zu leben ist. Ich habe einige vorzügliche Freunde und Freundinnen und denk auch oft an Euch,*

Straßburg: Blick auf das Münster.
Lithographie von G. Proust

wiewohl mir Papa und der Tarwaster (der älteste Bruder, Pfarrer in Tarwast) *das zum Verbrechen machen wollen . . .*[25]

Natürlich hatte man in Livland sorgenvolle Vorstellungen vom Treiben der Straßburger Genialen. Zurückkehrende Offiziere und Studenten wußten davon zu erzählen. Ein Komödienschreiber war geradezu ein Schreckbild, und die *Meinungen eines Laien* konnten dem orthodoxen Vater und dem noch strengeren Bruder nicht gefallen. Es gibt einen einzigen Brief von Lenz' Mutter vom September 1775. Er ist ein Echo des Straßburger Treibens:

«Mein allerliebster Jacob. Wie vergeblig habe ich nun so viele Jahre auf Deine Zu hause Kunft gewartet, wie oft habe ich nicht umsonst aus dem

Goethe in Straßburg. Zeichnung von Daniel Chodowiecki für ein Titelkupfer zu Jung-Stillings «Wanderschaft»

Susanne Cleophe Fibich. Gemälde

Fenster gesehn, wenn nur ein Fragtwagen ankam, ob ich Dich nicht erblicke, allein vergebens . . . Wie lange wiltu so herum irren, und Dich in solche nichtswürdige Dinge vertifen, ach nimm es doch zu Hertzen was Dein Vater Dir schreibt, es ist ja die Wahrheit, nimm es nur zu Hertzen, und denke nach, was wil aus Dir werden?»[26]

Lenz dachte freilich sehr viel darüber nach, was aus ihm werden solle oder könne. Briefe an Lavater und Herder, die Freunde und Vorbilder, zeugen davon. Lavater, sein *würdiger Bruder*, und Herder, sein *Hierophant*, hatten nicht mit Ratschlägen gespart. Aber ihren Superlativen und ihrer selbstbewußten Sicherheit gegenüber litt Lenz an Minderwertigkeitskomplexen. Er hatte Angst vor den *edlen Gefühlen*, die jene für das Volk, für Frauen und Mädchen, für Adlige und Offiziere hatten.

Mehrfach bezeichnete er sich ihnen gegenüber als *Schwein* – womit er das naturalistische Element, wie es sich in den Dramen zeigte, meinte. Eben dieses erschien ihnen zu drastisch. Lenz hatte ein echtes sittliches Gefühl. Goethe, der sehr derb sein konnte, bezeugt ausdrücklich, Lenz habe das Gemeinste unverfänglich darstellen können.

In diesem Punkt unterscheidet sich Lenz deutlich von den Gefährten des Sturm und Drang. Klinger, Wagner, Maler Müller und Leisewitz können nicht genugtun in Großsprecherei, undelikaten Anspielungen, Grobheiten, Kraftausdrücken und bedenklichen Witzen. Lenz hielt stets die Grenze ein zwischen dem, was man sagen darf und was man besser verschweigt. Für Zweideutigkeiten hatte er nichts übrig, aber er konnte sehr offen sein. Das gilt für seine Frauen und Mädchen in besonderer Weise. Er wäre nie imstande gewesen, sie gretchenhaft zu stilisieren, und er weigerte sich, wie die Väter seiner Dramen, zu glauben, daß eine Tochter zur Hure werden kann. Das schlimmste Wort ist *Kokette*. Damit bezeichnete er eine ihm unbegreifliche Flatterhaftigkeit und Gefallsucht.

Die Landschaft um Straßburg, das Elsaß und den Oberrhein, empfand er als eine Art von Paradies. Welch ein Gegensatz zum öden, kalten Livland! Das Elsaß schien ein einziger Garten zu sein; die Dörfer lagen in Obstwäldern; die Bauernhäuser waren bis unters Dach mit Reben bewachsen. Das Klima kannte fast keinen Winter, es gab Burgen und Schlösser. Dazu kamen die Nähe des Gebirges, der impulsive Menschenschlag und der musikalische Dialekt. Gemessen an Dorpat und Königsberg war Straßburg reich und elegant, obendrein bei seinem gebildeten Bürgertum zweisprachig. Lenz, der Provinzler, entdeckte hier seinen eigenen Rang, die unversiegbare Quelle seines Talents. Er fühlte sich anerkannt.

Beim gehobenen Bürgertum der Stadt und beim Adel der Umgebung fand Lenz durch die Brüder von Kleist Eingang. Die Juwelierstochter Susanne Cleophe Fibich ließ der ältere Kleist unter Lenz' treuherziger Aufsicht zurück, um in Kurland die Genehmigung der Familie für die bürgerliche Ehe zu holen, die er nicht bekam. Bei dieser Gelegenheit verliebte sich der impulsive Lenz in die *Kokette*. Sie wies ihn ab. Später verliebte er sich, genauso einseitig, in eine reiche adlige Erbin, nur nach dem Hörensagen, und diese, Henriette Waldner von Freundstein, hat Lenz nicht einmal gekannt. Er machte einen phantastischen Mythos daraus und schrieb einen Briefroman *Der Waldbruder / ein Pendant zu Werthers Leiden*. Auch sonst spielte er, ihr huldigend, mit der Silbe -Wald. Der Roman hat mit «Werthers Leiden» nur die Briefform gemein und mit der imaginären Dame seines Herzens nichts als das Namenspiel. Die Identifikationen legen den Verdacht nahe, daß sie ein Mittel waren, dem Zerfall der Identität vorzubeugen. Denn nach dem Bruch mit Goethe und der etwa gleichzeitigen Gewißheit von Henriettes Heirat mit einem Standesgenossen begann Lenz' Schizophrenie manifest zu werden.

Im 19. Jahrhundert hat man sich große Mühe gegeben, auf den Spuren der Goethe-Forschung auch für Lenz' Dichtungen Straßburger Erlebnisse als Substrate zu finden. Dabei hat man Erstaunliches erreicht.[27] Viel wichtiger jedoch sind die literarischen Modelle und Muster der Lenzschen Dramen, Plautus und Shakespeare, ihre Welt und ihre Kunst, wie Lenz sie verstand. Seine *Anmerkungen übers Theater* sind die Dramaturgie des Sturm und Drang, ein Schritt hinaus über Lessing, aber auch hinaus über den Idealismus Weimars, ein Vorläufer des modernen Theaters.

Fast zur gleichen Zeit wie *Der Hofmeister*, im Frühjahr 1774, erschienen Lenz' *Lustspiele nach dem Plautus fürs deutsche Theater*. Goethe hatte Lenz in beiden Fällen den Verleger besorgt. In seinen dramaturgischen Vorträgen während des ersten Straßburger Winters hatte Lenz die Dramaturgie des Aristoteles und dessen drei Einheiten des Raums, der Zeit und der Handlung angegriffen, und zwar unter Berufung auf *Natur* und *Natürlichkeit*. *Der göttliche Rousseau selbst*[28] hatte ihm die Stichworte gegeben. Aus diesen Vorträgen gingen die *Anmerkungen übers Theater* hervor. Es heißt dort: *Die Mannigfaltigkeit der Charaktere und Psychologien ist die Fundgrube der Natur, hier allein schlägt die Wünschelrute des Genies an.*[29] Im Herbst 1774 erschienen die *Anmerkungen übers Theater nebst angehängten übersetzten Stück Shakespears*. Im Grunde sind die Übertragungen des Plautus, Shakespeares, die *Anmerkungen* und *Der Hofmeister* miteinander entstanden – aus dem gleichen Impuls. Goethe hat Lenz ermuntert und beraten. Als die drei Bücher herausgekommen waren, schrieb Lenz an den Bruder Christian, *Bruder Goethe*, sein *zweites Du*, sei ihm *durch die Bande der Freundschaft näher verbunden als durch die Bande des Bluts*[30].

Die Anregung zur Plautus-Übertragung gab wohl Lessing, der die «Captivi» und den «Stichus» übertragen und den «Trinummus», unter dem Titel «Der Schatz», als eigenes Lustspiel veröffentlicht hatte. Mit Plautus hatte Lessing der französisch-aristotelischen Dramaturgie einen Stoß versetzt. Hier hakte Lenz ein: Plautus hatte sich an die klassischen Regeln gehalten und trotzdem etwas Freies, Heiteres und in höchstem Maß Dichterisches geschaffen. Lessing hatte gezeigt, daß Shakespeare und Plautus ein richtigeres Verständnis für die aristotelischen Regeln gehabt hätten als die Franzosen.

Lenz hatte seine ersten Plautus-Übertragungen an Salzmann geschickt, und dieser hatte sie Goethe gezeigt. Beide erkannten, daß Lenz' komisches Talent den römischen Lustspieldichter in deutscher Prosa sehr genau wiedergegeben hatte. Lenz' Auffassung richtete sich gegen das damalige Literaturverständnis, das lehrhaft war und die lustige Person, den Hanswurst, am Theater verpönt hatte. Das Theater hatte dadurch an Sittlichkeit gewonnen, an Munterkeit verloren. Goethe gab Lenz einen entscheidenden Rat: Er solle die altrömische Welt des Plautus noch mehr in deutsche Verhältnisse übertragen als er es schon getan habe. Das bedeutete Fortlassung der römischen Namen und Lokalitäten und ihre Ersetzung durch deutsche Bürgernamen, ostpreußisches, Danziger, kurländisches oder Wiener Milieu. Statt von Mars, Jupiter und Venus redeten Lenz' Figuren von Gott, Christus und dem Himmel. Aus dem Lar

Gotthold Ephraim Lessing.
Gemälde, vermutlich von Georg Oswald May

familiaris wird ein *Gnom*. Der Sklave wird zum *Bedienten*, der reiche
Mann zum *Kommerzienrat*, und aus Sesterzen und Obolen werden
Gulden und *Groschen*.

Plautus' volkstümlichen Ton gibt Lenz durch deutsche Redensarten
und Sprichwörter wieder: Man *trottet* aus der *Kneipe* nach Hause und
wird mit Wortspielen *zum Besten gehalten*. Die leichten Mädchen, die
geilen Alten, die schmachtenden Liebhaber und zänkischen Ehefrauen
waren Typen aus dem Volk, das zu allen Zeiten und in allen Kulturen
gleich denkt und spricht. Da gibt es in der *Türkensklavin* eine trunksüch-
tige Zigeunerin. Um sie, die Wache der Geliebten, aus dem Haus zu
locken, streicht der Liebhaber Wein auf die Schwelle. Dadurch wird
Feyda verlockt:

Feyda: Geruch von altem Wein ist mir in die Nase gestiegen, der der lockt mich aus meinen Kissen durch die finstere Nacht hierher. Wo, wo ist er? Nahe bei mir ist er, ich riech ihn, ich schmeck ihn, ich fühl ihn – ach, ich will ihn umarmen. (Fällt auf der Schwelle nieder.) Ach wo bist du, mein Herzchen, wie kräftig duftest du mir entgegen, alle köstliche Salben sind Pferdepisse gegen dich, du bist mir köstlicher als Myrrhen und Casia (Zimt), ja, wo du hingegossen bist, da will ich begraben liegen. Du hast meine Nas' erquickt, komm, komm nun auch in meinen Schlund hinab, komm, komm, wo bist du? Laß deine kalte, kalte Tröpfchen langsam in meinen Schlund hinabgleiten, wo bist du – ich will dir nach – ich will dir nach, und sollte ich bis an's Ende der Welt gehen.[31]

Als der Bordellwirt *Kuhlmann*, in die Enge getrieben, eine Bürgschaft anbietet, entgegnet ihm der einäugige *Lips: Ja, deine Bürgschaft – was willst du verbürgen Marqueraut?* (Bordellwirt) *Ihr Leute habt ja nie nichts, ihr seid wie die Flöhe, die immerfort saugen und bleiben wie sie sind, wir müssen euch mit unserm Blut füttern, und hernach taugt ihr zu nichts als zum Totschlagen.*[32]

Lenz hat den witzigen Dialog des Plautus wörtlich übernommen. Aus ihm entsteht die dramatische Verwicklung. Zu Beginn des *Väterchen* unterhält sich der Kaufmann *Schlinge* mit seinem Bedienten *Johann* in syntaktischen Parallelismen:

Johann: Bei allem, was Ihnen heilig ist, bei Ihrer Ehre,
bei Ihren Kindern, bei Ihrer Frau.
Herr Schlinge: Ich bitt dich, hör auf – was hast du?
Johann: Bei Ihrer Frau, bei Ihren Kindern!
Herr Schlinge: Hör auf, hör auf – was verlangst du?
Johann: Bei Ihrer Frau –.
Herr Schlinge: Sackerlot, hör auf – was willst du von mir?
Johann: Daß Sie's uns nicht wollen entgelten lassen.
Herr Schlinge: Was denn? Daß mein Sohn verliebt sei? Nun, nun, sei ohne Furcht, ich bin nicht von der gewöhnlichen Art Väter. Ich weiß alles, daß ihr mit ihm unter einer Decke steckt, daß ihr ihm des Nachts allemal die Haustür aufmacht und ihm neulich gar über die Hofmauer geholfen habt, als ich den Schlüssel unter mein Kopfkissen gesteckt hatte. Hoho – wofür haltet ihr mich. Aber ich weiß alles, aber ich seh es immer nur durch die Finger.[33]

So wirksam die Übertragung des altitalischen Milieus in die Gegenwart einer Kleinbürgergesellschaft sein mochte, vor den plautinischen Mädchen, den Hetären und ihrer Abhängigkeit von Kupplerinnen und Zuhältern kapitulierte Lenz. Bei Plautus geht so etwas zwanglos hervor aus den

Lustspiele

nach dem

Plautus

fürs

deutsche Theater.

Frankfurt und Leipzig.

1774.

Titelblatt zu den von Lenz
übersetzten Lustspielen von Plautus

gesellschaftlichen Verhältnissen der Antike. Die lassen sich beim Bürgertum des 18. Jahrhunderts nicht wiederholen; eine antike Hetäre ist keine moderne Prostituierte. Lenz behalf sich, indem er aus dem durch Kauf legitimierten Verhältnis junger Herren zu hübschen Mädchen moderne Liebesverhältnisse machte. Die Befreiung des Mädchens aus der Gewalt der Kuppler wird mit der Verliebtheit des Paars motiviert. Darum sind die Mädchen unberührte Geschöpfe, und wenn sie in die Hände von Schurken geraten, so ist das ein kriminell motiviertes Unglück, das mit Geld (durch Kauf) nicht zu lösen ist.

Die moralische Sphäre wird verschoben. Wenn es nicht mehr um

Begehrlichkeit, Abenteuer und amüsanten Wechsel geht, sondern um Liebe, Ehe und lebenslange Bindung, dann verliert das amoralische Element der Komödie seine Unbefangenheit. Nur mit großer Mühe gelingt es Lenz, die o f f e n e Liebesbeziehung der Mädchen so zu kaschieren, daß sie in den bürgerlichen Rahmen paßt und höchstens leichtfertig erscheint. (Wahrscheinlich war das der Grund, weshalb die Straßburger Zensur die Plautus-Ausgabe nicht durchließ. Sie erschien dann mit Goethes Hilfe in Leipzig und Frankfurt.) Lenz machte aus der Not eine Tugend. Der Wechsel der Gefühle und Stimmungen gehört bei Plautus' Hetären zum Geschäft. Bei Lenz erscheint das rasche Umschlagen als Laune. Blitzschnell ändert sich die Stimmung der Schönen von Freundlichkeit in Bosheit. Frauen und Mädchen streiten in *Die Entführungen* um die Gunst von Männern, welche ihnen heimlich zuhören. Im Hetärenmilieu ist das komisch; in deutsch-bürgerlichen Verhältnissen geht es ins Tragische über:

Henriette (als ob sie sie nicht sähe): Hast du mit ihm gesprochen, glückseliges Mädchen?
Gertrud: Ja freilich hab ich, die Länge und die Breite.
Henriette: Und er hat dir geantwortet – geh mir aus den Augen, stolze Kreatur! Du fängst an, mir unerträglich zu werden.
Gertrud: Was schlagen Sie mich, Mamsell? Ja – und er hat mich noch mit zwei Fingern beim Kinn gefaßt – dazu!
Henriette: Komm her, liebe Gertrud! Hat er dich beim Kinn gefaßt? Warum tat er das? Hattest du ihm schon von mir geredet?
Gertrud: Nein, ich hatte noch kein Wort mit ihm gesprochen, so faßt' er mich schon an.
Henriette: Faßt' er dich an? Ich werde dich ins Arbeitshaus stecken. Fort, mir aus den Augen, leichtfertige Seele! – Was hat er gesagt, was hat er zu meinem Antrag gesagt?
Gertrud: Es hat mir Müh gekostet, ihn soweit zu bringen. Herzoginnen haben schon vergebens bei ihm gebeten.
Henriette: O die Liebe wird es mir gelingen lassen! Sie haben ihn nicht so geliebt.[34]

Der Unterschied deutscher und antiker Verhältnisse war so stark, daß Lenz den Schluß der *Buhlschwester* änderte und eine Szene, in der die Hetäre es mit zwei Liebhabern zugleich treibt, ins Gegenteil verkehrt, indem er das Mädchen den Schauplatz angewidert verlassen läßt.

Lenz hat fünf Komödien des Plautus zusammengefaßt: Die «Asinaria» als *Das Väterchen*, den «Truculentus» als *Die Buhlschwester*, den «Curculio» als *Die Türkensklavin*, die «Aulularia» als *Die Aussteuer* und den

«Miles gloriosus» in zwei Fassungen als *Der großprahlerische Offizier* und *Die Entführungen*. Er hat die Dialoge wörtlich, aber in Prosa übertragen. Die Titel sind besser und treffender als die zufälligen der Originale. In der Veränderung des Milieus folgte er Ludvig Holberg, der den «Miles gloriosus» als «Jakob von Tyboe» ins dänische, und Molière, der die «Aulularia» in seinem «Geizigen» ins französische Milieu versetzt hatte.

Lenz' *Plautus* ist eine der großen Aneignungen fremder Literatur in deutscher Sprache, zu vergleichen mit Hölderlins Pindar, dem Shakespeare Schlegel–Tiecks und dem Calderón Eichendorffs. Wie diese hat Lenz gelegentlich gerafft und gemildert, manchmal auch erweitert. Daß er von dem tänzerisch-musikalischen Aufführungsstil ebensowenig wie Lessing wußte, darf man ihm nicht übelnehmen. Nur dieser Stil – nach Art heutiger Musicals – hätte dem erotischen Element das Verletzende genommen.

In einer *Verteidigung der Verteidigung des Übersetzers der Lustspiele* hatte sich Lenz gegen Kritik aus dem Kreis der Sozietät geistreich zur Wehr gesetzt: *Gütiger Himmel! Ist denn Frau Gervas eine Kupplerin und Clärchen eine fille de joie? Pfui doch! Meint er, ich werde ein Bordell auf der Bühne aufschlagen? Auf dem deutschen Theater, wo man so überekel und geziert ist* (wie) *auf keinem heutigen Theater der Welt? Wie kann eine Hure sprechen wie Clärchen spricht? Hab ich nicht in der «Türkensklavin» alles angewandt, den Argwohn von ihrem Charakter abzuwischen, den widrige Umstände wie einen Nebel drüber werfen konnten? Sieht denn der Rezensent nicht, daß mir kein andrer Weg übrig blieb, des Römers Idee treu zu bleiben, als der, den mir die verderbten Sitten unserer Zeit anwiesen, da Mütter selbst, besonders unter dem Pöbel und in kleinen Städten, sich kein Gewissen draus machen, ihre Töchter als Lockspeisen in die Schlingen auszulegen, die sie dem Vermögen junger Verschwender stellen?*[35]

In den Briefen an Salzmann aus Landau bezeugt Lenz, wie er sich über die Kleinstädter und ihre Sitten amüsierte. Der Druck der fünf Lustspiele begann schon 1773[36], sie erschienen im Jahr darauf anonym. Der Verleger Christian Friedrich Weygand schrieb in seinem Verlagsprospekt «Von Goethe und Lenz».[37] Aus manchen Bemerkungen Lenz' ist zu entnehmen, daß er sich weiter mit Plautus beschäftigt hat, vor allem mit den «Captivi».[38] Dies Stück entdeckte Richard Daunicht in Hamburg unter dem Titel *Freundschaft geht über Natur, oder Die Algerier* und veröffentlichte es im ersten Band seiner leider nicht fortgeführten Lenz-Ausgabe. Das Stück ist noch mehr als die früheren Übertragungen eine freie Nachahmung. Lenz nennt es gelegentlich auch *Die Seeräuber*. Im Nachlaß fanden sich Notizen zu einer Übertragung der «Menachmen».[39]

Die Besprechungen waren freundlich, zumal man an eine Arbeit Goethes glaubte. Erst im 20. Jahrhundert wurden einige der Übertragungen gespielt.[40] Drei der Stücke hat Wilhelm von Scholz[41] bearbeitet und mit Bühnenanweisungen versehen: «Der Geldtopf» (*Die Aussteuer*), *Das Väterchen* und «Der Bramarbas» (*Der großprahlerische Offizier*).

DER SHAKESPEARE-KOMPLEX

Im Jahre 1774 erschien in der Weygandschen Buchhandlung in Leipzig anonym eine Schrift mit dem Titel: *Anmerkungen übers Theater nebst angehängten übersetzten Stück Shakespears.* Sie wurde durch eine Vorbemerkung eingeleitet: *Diese Schrift ward zwei Jahre vor Erscheinung der Deutschen Art und Kunst und des Götz von Berlichingen in einer Gesellschaft guter Freunde vorgelesen.*[42] Goethes «Von deutscher Art und Kunst» war 1773 in Hamburg erschienen, mit dem Shakespeare-Aufsatz. Lenz muß seinen Vortrag vor der Straßburger Sozietät also im Herbst 1771 gehalten haben. Goethe hat viel später, im 14. Buch von «Dichtung und Wahrheit», Lenz' Priorität bestritten. Wahrscheinlich entstanden die Vorträge beider zu gleicher Zeit und aus dem gleichen Anlaß, zum «Wilhelms»-Tag, Shakespeares Namenstag, am 14. Oktober 1771, den Goethe in Frankfurt beging und Lenz in Straßburg.

Beiden Studien liegt das Erlebnis der Shakespeareschen Sprache zugrunde, als Muster einer Befreiung vom nüchternen Deutsch. Lenz hatte dies Erlebnis in Königsberg und Goethe hatte es in Leipzig gehabt; das wahre Verständnis war Goethe erst in Straßburg durch Herder eröffnet worden. Es ist mehrfach bezeugt, daß Lenz bereits im ersten Straßburger Jahr mit Teilen seiner Shakespeare-Übersetzung auch Goethes Beifall erhielt. Das galt vor allem für das «Epitaphium», den Nachruf auf das geschossene Wild, in der 2. Szene des IV. Akts von «Love's Labour's Lost». Goethe zitiert es in «Dichtung und Wahrheit»:

> *Die schöne Prinzessin schoß und traf*
> *Eines jungen Hirschlein Leben:*
> *Es fiel dahin in schwerem Schlaf*
> *Und wird ein Brätlein geben.*
> *Der Jagdhund boll. Ein L zu Hirsch*
> *So wird es dann ein Hirschel;*
> *Doch setz ein römisch L zu Hirsch,*
> *So macht es fünfzig Hirschel.*
> *Ich mache hundert Hirsche draus,*
> *Schreib Hirschell mit zwei LLen.*[43]

Die *Anmerkungen übers Theater* sind Lenz' Theorie über Shakespeare. Wenn die Gedanken auch nicht neu waren, so hat Lenz ihnen einen bestimmten und festen Ausdruck gegeben, der keinen Widerspruch gestattet. Man merkt dem Stil des Essays die Entstehung aus Vorträgen an. Die Anrede *meine Herren* wird wiederholt. Andeutungen, Späße, Anakoluthe, Fallenlassen und Aufnehmen von Motiven lassen den mündlichen Vortrag durchscheinen. Lenz macht sich über Aristoteles lustig, an dessen Autorität Lessing noch nicht zu rütteln gewagt hatte. Lenz beruft sich auf Laurence Sterne, den Autor von «Leben und Meinungen des Tristram Shandy» (1760–67). Sterne ist sein Kronzeuge für die scheinbar willkürlich schweifende Produktion des dichterischen Genies: *Der berühmte weltberühmte Herr Sterne, der sich wohl nichts weniger als Nachahmer vermutet, und weil er das in seine siebente Bitte zu setzen vergessen, deswegen vom Himmel damit scheint vorzüglich gestraft worden zu sein, in seinem «Leben und Meinungen», sagt im vierzigsten Kapitel: «Die Gabe zu vernünfteln und Syllogismen zu machen, (existiert) im Menschen – denn die höhern Klassen der Wesen, als die Engel und Geister, wie man mir gesagt hat, tun das durch Anschauen.*[44]

Das Musterbeispiel schöpferischer Dramatik und erfolgreicher Außerachtlassung der aristotelischen Regeln ist Shakespeare, nicht als Größe der Vergangenheit, sondern als Vorbild des Dichters, *wenn er nur die sichere Hand hat, in der der Puls der Natur schlägt, vom göttlichen Genius geführt*[45]. Als Beispiele großer Dichtung werden *Dante* und *Klopstock* genannt, weil sie nicht *durch Aristoteles' Prisma* auf das Theater der Welt herabgeblickt hätten. Die Franzosen, welche auf Aristoteles schworen, schlägt Lenz mit diesen Waffen: *So sind Voltaires Helden fast lauter tolerante Freigeister, Corneilles' lauter Senecas. Die ganze Welt nimmt den Ton ihrer Wünsche an, selbst Rousseau in seiner «Héloïse», das beste Buch, das jemals mit französischen Lettern ist gedruckt worden, ist davon nicht ausgenommen.*[46]

Für die Antike erkennt Lenz die aristotelischen Regeln an und begründet sie mit dem religiösen Weltbild der Griechen und dem kultisch-liturgischen Charakter ihrer Bühne. Für die Gegenwart müssen andere Gesichtspunkte gefunden werden; wir müssen *den Volksgeschmack der Vorzeit und unsers Vaterlands zu Rate ziehen, der noch heutzutage Volksgeschmack bleibt und bleiben wird*[47]. Lenz findet, was die Behandlung antiker Themen angeht, schlagende Exempel: *Cäsar ist in Rom so nie bedauert worden als unter den Händen Shakespears.*[48] Er erkennt die Sprache als Ausdruck der dichterischen Wahrheit: *. . . ich kann mit einem bisher unübersetzten – Volksstück – Komödie von Shakespearn aufwarten. – – Seine Sprache ist die Sprache des kühnsten Genius, der Erd und Himmel aufwühlt, Ausdruck zu den ihm zuströmenden Gedanken zu finden. Mensch, in jedem Verhältnis gleich bewandert, gleich stark, schlug er ein Theater fürs ganze menschliche Geschlecht auf, wo jeder stehn, staunen, sich freuen, sich wiederfinden konnte, vom obersten bis zum untersten. Seine Könige und Königinnen schämen sich so wenig als der niedrigste Pöbel, warmes Blut in schlagenden Herzen zu fühlen, oder kützelnder Galle in schalkhaftem Scherzen Mut zu machen,* denn sie sind Menschen, auch unterm Reifrock, kennen keine Vapeurs, sterben nicht vor unsern Augen in müßiggehenden Formularen dahin, kennen den tötenden Wohlstand nicht. Sie werden also hier nicht ein Stück sehen, das den und den, der durch Augengläser bald so, bald so verschoben, drauf losguckt, allein interessiert, sondern wer Lust und Belieben trägt, jedermann, bringt er nur Augen mit und einen gesunden

Titelblatt der «Anmerkungen übers Theater von Lenz»

Anmerkungen

übers Theater

nebst

angehängten übersetzten Stück

Shakespears.

Leipzig,

in der Weygandschen Buchhandlung.

1774.

William Shakespeare. Anonymes Gemälde

Magen, der ein gutes spasmatisches Gelächter – – doch ich vergesse hier,
daß ich nicht das Original, sondern – eheu discrimina rerum (o Unter-
schied der Dinge) – meine Übersetzung ankündige – mag er immerhin
auftreten, mein Herkules, wär's auch im Hemd der Dejanira – – (das
Herkules den Tod brachte).[49]

«Love's Labour's Lost», von Schlegel–Tieck als «Verlorne Liebesmüh»
übertragen, hat bei Lenz den lateinischen Titel *Amor vincit omnia*[50] – die

Liebe überwindet alles. Das Stück war bisher nicht ins Deutsche übertragen. Den Text hatte Lenz schon in Königsberg in der «gereinigten» Ausgabe von Alexander Pope gefunden. Das Stück ist berühmt für seine witzige Sprache als Vehikel einer charakterisierenden Komik der Figuren. Es ist Shakespeares «literarischste Komödie»[51]. Ihr geistreicher Ton, die Masse der politischen und literarischen Anspielungen und die eingeschobenen lyrischen Partien entsprachen Lenz' Sinn für anspielungsreiche Komik. Shakespeares Neigung zur freien Natur und die Ironie gegenüber Buchwissen und städtischer Zivilisation traf bei allen Stürmern und Drängern auf verwandte Stimmungen. Die Reden der Prahlhänse und die Sprachpedanterie und geschraubten Latinismen der Schulmeister und Pfarrer machten Lenz ebensoviel Spaß wie das Sprachversagen des einfältigen Konstablers Dull, das in komischem Gegensatz zum rhetorischen Schwulst der Höflinge steht.

Eschenburg und Wieland hatten sich nicht imstande gesehen, das Stück zu übertragen. Der Spötter Berowne (*Biron*) ist der Meister beweglicher Verhöhnung der «Taffeta phrases and silken terms precise» (Reden in Taft- und Seidenphrasen):

Biron: O und ich! in Liebe versunken! sonst die Geißel der Verliebten, der Büttel jedes zärtlichen Seufzers, Richter – nicht – Nachwächter, Konstabel, keifender Schulmeister der jugendlichen Neigungen, o kein Sterblicher so stolz und vermessen als ich. Dieser wimmernde, gellende, stockblinde, unnütze junge Cupido, der König schnarrender Sonette, Herr zusammengeschlagener Arme, Fürst der Seufzer und o! Lehnsherr aller Faullenzer und Tagdiebe, Selbstherrscher der Unterröcke, Heerführer der Pflastertreter – (herunter mein Herz!) und ich der Korporal der Leibschwadron! Ich der Reifen, durch den dieser Seiltänzer seine Sprünge macht. Ich liebe, ich verfolge, ich hetze ein Weib – ein Weib! – das wie eine Uhr aus Deutschland aller Augenblick muß repariert werden und doch nimmer richtig geht . . . Ein blasser Wildfang mit schwarz sammetnen Augenbrauen und die Pechkugeln in ihrem Kopf statt Augen.[52]

Der feurig begeisterte Ton war das Neue. Sachlich hatte Herder längst Ähnliches gesagt, und Goethes Shakespeare-Begeisterung hatte weitere Horizonte. Lenz aber hatte in seiner Übertragung praktische Konsequenzen gezogen und einen Ton angeschlagen, den Schlegel–Tieck in ihrer Übertragung Shakespeares aufnahmen und zur Vollkommenheit entwickelten. Die Straßburger Freunde erkannten Lenz' Leistung sofort an. Offenbar haben sie sich auf ihren Sitzungen mit dem Problem auseinandergesetzt. Auch die Kritiker der Buchausgabe äußerten sich zustimmend, am begeistertsten Heinrich Leopold Wagner in den «Frankfurter gelehrten Anzeigen», dem von Johann Heinrich Merck redigierten Blatt der Stürmer und Dränger, im November 1774. Er hob die Polemik gegen die Franzosen hervor. Vielleicht trug zu seiner Begeisterung bei, daß er die *Anmerkungen übers Theater nebst angehängten übersetzten Stück Shakespears* für ein Werk Goethes hielt.

Wichtiger war die Zustimmung Wielands, des berühmtesten Dichters der Epoche. Auch er hielt das Werk für eine Arbeit Goethes. (Erst im Januar 1775 berichtigte er sich und gab Lenz als den wahren Verfasser an.) Wieland hatte in seinem «Teutschen Merkur» allerdings darauf hingewiesen, daß dem Geist Shakespeares schon früher ähnlich temperamentvoll gehuldigt worden war, und zwar von ihm selber – was er freilich nicht offen aussprach. Goethe quittierte Wielands Hinweis mit den Worten: «Wieland ist und bleibt ein Scheißkerl.»[53] Der wichtigste Kritiker, Lessing, schwieg. Über den Angriff auf Aristoteles mußte er um so mehr erbittert sein, als es auch ein Angriff auf seine Autorität war. Am 10. April 1775 schrieb der Norddeutsche Heinrich Christian Boie an Merck, er habe gehört, Lessing ärgere sich über «Göthens und Lenzens theatralische Freibeutereien»[54].

So wie Plautus war Shakespeare ein Vorbild für Lenz' eigene Dramen. Sein Anlehnungsbedürfnis fand bei Shakespeare Halt; sein nicht minder starkes Bedürfnis nach Modellen und Identifikation wurde von Plautus und Shakespeare befriedigt. Seine Briefe und Werke sind durchdrungen von Zitaten und Entlehnungen. In der Goethe verherrlichenden Literatursatire *Pandaemonium Germanicum*, 1775 entstanden, wird Shakespeares Geist von Herder beschworen: *Tritt unter uns, Shakespeare, seliger Geist, steig herab von deinen Himmelshöhen.* Shakespeare erscheint, *einen Arm um Herder geschlungen . . . Jedermann drängt zu, Shakespearn zu sehen, einige fallen vor ihm nieder.*[55]

In dem Gedicht *Shakespears Geist*[56] kommt Shakespeare vom Himmel herab ins Londoner Theater, während David Garrick den «Hamlet» spielt. Er ist entzückt und begeistert, daß die Zuschauer, seine *Kinder*, immer noch von «Hamlet» gefesselt werden. Im Januar 1776 las Lenz in der neuen Straßburger «Deutschen Gesellschaft» *Über die Veränderung des Theaters im Shakespear*[57]. Er nahm die These der Shakespeareschen Freiheit gegenüber den Regeln des Aristoteles weitgehend zurück, wohl auf Grund seiner Erfahrungen als Stückeschreiber. Hier fällt der Satz: *Das Theater ist ein Schauspiel der S i n n e , nicht des G e d ä c h t n i s s e s , der E i n b i l d u n g s k r a f t.*[58] Etwas später, in Emmendingen, regte Lenz die Betrachtung der Schwarzwaldruine Hochburg zu einer Verteidigung Shakespeares gegen Voltaire, Wieland und Pope an. *Das Hochburger Schloß* erinnert Lenz an die Landschaft von «König Lear». Hier spricht er seinen Lieblingsgedanken von der *Ewigkeit* der Kunst aus: *Die Natur zerstört Schlösser, um herrlichere Gegenstände für die Kunst hervorzubringen.*[59]

Der

Deutsche Merkur.

Tu pias lætis animas reponis
Sedibus, virgaque levem coerces
Aurea turbam, superis Deorum
Gratus et imis.

Des ersten Bandes Erstes Stück.

Jenner 1773.

Weimar
Im Verlag der Gesellschaft.

Titelblatt des ersten Bandes, Januar 1773

Heinrich Leopold Wagner. Zeitgenössischer Scherenschnitt

Lenz gehörte zu den ersten, die alle Werke Shakespeares groß und herrlich fanden. Pope hatte ihn gekürzt, Wieland hatte einige Stücke «elend» gefunden und deshalb nicht übertragen. Voltaire hatte Shakespeare geschmäht, da er durch ihn *verdunkelt zu werden fürchtete*[60]. Lenz schreibt den «Pericles» Shakespeare zu, den *abscheulichen Titus Andronicus* aber nicht. Im Anhang zum *Hochburger Schloß* übersetzt er aus «Pericles» die erste Szene des fünften Akts.[61] Aus dem pseudoshakespeareschen *Lord Cobham* («Sir John Oldcastle») übertrug er gleichfalls eine Szene.[62] Shakespeares *Coriolan* hat er in Prosa übertragen, und zwar nur jene Szenen, in denen *Coriolan* selbst auftritt.[63]

Gegenüber den Übertragungen von Wieland und Herder, den Shakespeares Lieder interessiert hatten, hat Lenz zum erstenmal zeigen können, daß Shakespeares Wirkung, ähnlich wie die des Plautus, mit der Kunstform der Dramen zusammenhing. Der Aufbau der Szenen ist auf dramatische Wirkung angelegt – also nicht lyrisch, erzählend oder schaurig-stimmungsvoll. Die Effekte werden durch Sprache und Szenenführung erreicht, durch Drastik, Mimik und Geste. *Eine Komödie ohne Personen interessiert nicht, eine Tragödie ohne Personen ist ein Widerspruch. Ein Unding, eine oratorische Figur, eine Schaumblase über dem Maul Voltairens oder Corneillens ohne Dasein und Realität – ein Wink macht sie platzen,* hieß es in den *Anmerkungen.*[64]

So wie den Plautus hat Lenz seinen Shakespeare in Prosa übertragen. Nur in Prosa konnte er die Figuren rasch und witzig reagieren lassen. Lenz' Begabung für das Komische verstärkte diese Wirkung. Außerdem war die Epoche der Geniezeit mißtrauisch gegenüber der gebundenen Rede in Vers und Reim: Sie widersprächen der «Natur». Ähnliche Forderungen stellten Louis-Sébastien Mercier und Denis Diderot in Frankreich. Für beide haben sich Lenz und Goethe interessiert. Schließlich hing auch Goethes und Lenz' Polemik gegen Wieland mit dem neuen Geschmack zusammen. Man warf Wieland die Neigung zu französisch eleganten Formen und die von Frankreich ausgehende Leichtfertigkeit des Rokoko vor. Die Angriffe waren nicht so sehr national wie moralisch gemeint. Wenn man sich für natürliches Sprechen, Volkssprache, Dialekt und Volkstum einsetzte und den Erbauer des Straßburger Münsters als deutschen Meister feierte, wie Herder es gelehrt hatte, dann war nicht eine nationale, sondern die natürliche Kraft gemeint. Diese hatte Wieland, nicht zuletzt in seiner retuschierenden Shakespeare-Übersetzung, in den Augen der Stürmer und Dränger verletzt. Bald darauf sollten Goethe und Lenz ihm Abbitte leisten[65] und ihn als liebenswürdigen alten Herrn kennenlernen.

Wenn man von den Schülerdramen absieht ist *Der Hofmeister* Lenz'
erstes Drama. In ihm hat er die programmatischen *Anmerkungen übers
Theater* verwirklicht. Um es zu verstehen, muß man sich von der Vorstellung freimachen, Lenz habe ein Thesenstück geschrieben. Er war
nicht ein verbesserungswürdiger Vorläufer von Bertolt Brecht und auch
nicht ein Nachahmer shakespearisierender Charakterdramatiker. Das
Stück gehört in die Nachbarschaft der Wagnerschen «Kindermörderin» –
doch diese ist von Lenz abhängig. Lenz hat das Drama der berufsgebunde-
nen Alltagsmenschen und ihrer durch Zufälle bedingten Situationen
geschaffen. Erst bei Hebbel («Maria Magdalena»), dann bei Arno Holz,
Johannes Schlaf, Gerhart Hauptmann und Frank Wedekind setzt sich der
Typus durch.

Die Lenzschen Figuren sind nicht «Charaktere» oder «Persönlichkeiten» im Sinne des deutschen Idealismus. Diese *Hofmeister, Soldaten,*
Geistlichen, Bürger, Adligen und Offiziere sind abhängig von Vätern,
Brotgebern, Familien oder Vorgesetzten. Daher die Passivität *Läuffers,*
des *Hofmeisters.* Daher die von Friedrich Gundolf gerügte «Gemeinheit»
der Figuren. Sie sind befangen in ihren Positionen, und diese sind gesell-
schaftlicher Art: Der adlige *Major* ist genauso ein Opfer seiner Vorurteile und seines Standes wie die *Studenten,* die verschiedenen *Jungfern* oder
der *Schulmeister Wenzeslaus.* Alle wirken verzerrt, weil sie in einer
verzerrten Welt leben. Ihre abnorme Einsamkeit und die Unfähigkeit,
sich der Gesellschaft anzupassen, läßt sie scheitern.

Was bei Klinger, Leisewitz, Wagner und beim frühen Schiller gewalt-
sam wirkt, wie an den Haaren herbeigezogen und übertrieben – das
«Kraftgenialische» –, wird bei Lenz durch die Konstellation, in der seine
Figuren sich bewegen, ungezwungen und richtig motiviert. Der Natura-
lismus wird von einer Milieubedingtheit der Menschen reden; Lenz hat
sie instinktiv erfaßt.

Der volle Titel heißt *Der Hofmeister oder Vorteile der Privaterzie-
hung. Eine Komödie* und ist ironisch gemeint. In Briefen vom Jahre 1772,
aus Fort Louis an Salzmann, nennt Lenz seinen *Hofmeister* noch *ein
Trauerspiel.* In der Handschrift hatte er geschrieben *Lust- und Trauerspiel.* Er schwankte also zwischen den herkömmlichen Begriffen. Als
Lenz selbst Hofmeister gewesen war, hatten sich die Ereignisse seines
Dramas bei Nachbarn abgespielt: Der *Hofmeister* verliebt sich in die
Tochter des Hauses und verführt sie. Aus dem Brief eines Propstes
Schröder vom Jahre 1815, also nach anderthalb Generationen, den Rosa-
now zitiert, erfahren wir: «Im Vertrauen entdecke ich Ihnen, daß seine
nächsten Verwandten es mißbilligten, daß er zum Inhalte seines *Hofmei-*

Christian Fürchtegott Gellert. Gemälde von Anton Graff, 1769

sters einen traurigen Vorfall in einer der angesehensten Familien Lief-
lands erwählt und einen vornehmen Gönner so lächerlich darin vorgestellt hat.»[66] Die Familie hieß *von Berg.* Lenz hat nicht einmal den Namen
geändert.

Lenz' *Hofmeister* wendet sich gegen den Brauch reicher Familien des
Adels und Bürgertums, die Kinder von Hofmeistern erziehen zu lassen.
Hofmeister wurden Theologen oder Philologen, die keine Stellung hat-
ten. In einzelnen Fällen hören wir, daß sie nicht besser als das Haus- und
Küchenpersonal gehalten wurden. Der Grund für das Hofmeistersystem
war das «Mißtrauen gegen den öffentlichen Unterricht», wie Goethe
sagt. Außer der Unterweisung in Elementarfächern gehörte es zu den
Obliegenheiten des Hofmeisters, den Kindern gutes Benehmen, sicheres
Auftreten, Singen, Tanzen, Klavier- und Lautespielen beizubringen. Vor
allem mußte er zeigen, *wie heutzutage ein Mensch sich zu führen*

wisse[67]. Auf den hinterwäldlerischen Gutshöfen des Ostens war das wichtiger als in den Städten. Der Hofmeister mußte Französisch sprechen. In vielen Fällen begleitete er seine Schützlinge auf Reisen und zum Studium im In- und Ausland. In Lenz' Erzählung *Zerbin* hört der Held Vorlesungen bei Gellert in Leipzig. Gellert las als Professor der Moral über die Pflichten des Hofmeisters. Er empfiehlt den Helden *zum Führer und Mentor eines jungen Grafen aus Dänemark*[68].

Den Typus des devoten Dieners stellt Lenz' *Hofmeister* gleich zu Anfang dar. Er heißt *Läuffer*; als Läufer bezeichnete man einen Domestiken, der Aufträge seiner Herrschaft ausführt. Der Monolog zeigt Läuffers Zwitterstellung. *Mein Vater sagt: Ich sei nicht tauglich zum Adjunkt* (Assistent im akademischen und kirchlichen Bereich). *Ich glaube, der Fehler liegt in seinem Beutel; er will keinen bezahlen. Zum Pfaffen bin ich noch zu jung, zu gut gewachsen, habe zuviel Welt gesehen, und bei der Stadtschule hat mich der Geheime Rat nicht annehmen wollen. Mag's! Er ist ein Pedant und dem ist freilich der Teufel selbst nicht gelehrt genug. Im halben Jahr hätt ich doch wieder eingeholt, was ich von der Schule mitgebracht, und dann wär ich für einen Klassenpräzeptor noch immer viel zu gelehrt gewesen, aber der Herr Geheime Rat muß das Ding besser verstehen. Er nennt mich immer nur Monsieur Läuffer, und wenn wir von Leipzig sprechen, fragt er nach Händels Küchengarten und Richters Kaffeehaus. Ich weiß nicht: Soll das Satire sein oder –. Ich hab ihn doch mit unserm Konrektor bisweilen tiefsinnig genug diskurieren hören; er sieht mich vermutlich nicht für voll an. – Da kommt er eben mit dem Major* (seinem Bruder, Major von Berg); *ich weiß nicht, ich scheu ihn ärger als den Teufel. Der Kerl hat etwas in seinem Gesicht, das mir unerträglich ist. (Geht dem Geheimen Rat und dem Major mit viel freundlichen Scharrfüßen vorbei.)*[69]

Läuffers Intelligenz überragt seine soziale Stellung bei weitem. Aber er unterwirft sich. Er hat es nicht verstanden, auf Grund überlegener Bildung Anerkennung zu erreichen. Der *Geheime Rat* will ihn fördern. Er bringt die Botschaft der Geniezeit auf eine Formel: *Freiheit ist das Element des Menschen wie das Wasser des Fisches.*[70] Darüber kommt es zu einem langen Gespräch des *Rates* mit *Läuffers* Vater, dem *Pastor*. Das Gespräch sprengt das Drama. Mühsam kehrt es zur Handlung zurück. Erst am Schluß wird die These angehängt: *Wenigstens, mein süßer Junge, werde ich dich nie durch Hofmeister erziehen lassen!*[71]

Die Standespolemik gegen den *Hofmeister*-Stand scheitert. *Läuffer* ist kein Rebell. Aber auch die anderen sind nicht in der Lage, auf andere Art zu leben, ein höheres Ziel anzugeben. Es bleibt bei *Wissenschaften, Artigkeiten, Weltmanieren*[72] oder *Christentum*. Auf die Frage, was sein Sohn werden soll, erwidert der Major: *Soldat soll er werden, ein Kerl, wie*

Szene aus «*Der Hofmeister*».
*Residenztheater München, 1957. Läuffer (Peter Arens) und
Major von Berg (Kurt Horwitz)*

ich gewesen bin.[73] Dieser *Major* ist jedoch alles andere als ein *Kerl*.
Abhängig von seiner willensstarken Frau, äffisch verliebt in seine Tochter *Gustchen*, wird er am Schluß, als Halbverrückter, zur komischen
Figur. Auch die *Studenten*, großsprecherisch, verlogen und leichtsinnig,
sind Karikaturen, shakespearesche Rüpel. Das Liebesverhältnis von *Fritz*
und *Gustchen*, Vetter und Kusine, ironisch mit *Romeo* und *Julia* vergli-

chen, wird desillusioniert. Was haben *Romeo* und *Julia* in der familiären Enge *zu Insterburg* zu suchen: *Was habt ihr, närrische Kinder? Was zittert ihr? – Gleich, gesteht mir alles! Was habt ihr hier gemacht? Ihr seid beide auf den Knien gelegen . . .*[74] *Läuffer* wird dann zwar *Gustchens Romeo* – aber er liebt sie nicht. Wenn sie, Shakespeare parodierend, seine Hand *inbrünstig* küßt, sagt er nach einer Weile stummen Betrachtens: *Es könnte mir gehen wie Abälard.* Und sie gibt zurück: *Hast du die Neue Heloise gelesen?*[75] Der Hinweis auf Rosseaus Roman enthüllt *Läuffers* Kastrationsangst.

Auf der Flucht vor wahren und eingebildeten Verfolgern kommt *Läuffer* zu dem alten *Schulmeister Wenzeslaus*. Man hat in ihm ein halb verehrendes, halb ironisches Bild des Oberpastors Lenz sehen wollen. Seine hartnäckige Orthodoxie und seine von Erfahrung gesättigte, allem Neuen gegenüber höhnische Pädagogik geben ihm eine persönliche Überlegenheit. *Nicht zierlich geschrieben, nicht geschwind geschrieben, sag ich immer, aber nur grad geschrieben, denn das hat seinen Einfluß in alles, auf die Sitten, die Wissenschaften, in alles.*[76] Er allein weiß seine bürgerlichen Rechte wahrzunehmen, wenn *Graf Wermuth*, auf der Suche nach *Läuffer*, bei ihm eindringt:

Die Kammer ist mein, und wo Ihr nicht augenblicklich Euch aus meinem Haus packt, so zieh ich nur an meiner Schelle und ein halb Dutzend handfester Bauernkerle schlägt Euch morsch zu Pulver-Granatenstücken.[77]

Wenn *Läuffer* bei *Wenzeslaus* schüchtern von Freiheit zu reden beginnt, erhält er die Antwort: *Ei was, Freiheit! Ich bin auch so frei nicht; ich bin an meine Schule gebunden und muß Gott und meinem Gewissen Rechenschaft von geben.*[78] Mit *Wenzeslaus* erhält das Drama einen grotesken Schwerpunkt. Seine Gestalt ist nicht biographisch, als Karikatur des Vaters, zu sehen, sondern literarisch, wie Lenz die Figuren bei Plautus und Shakespeare begriffen hatte. Den hohlen und banalen Typen steht *Wenzeslaus* dramaturgisch als Kontrastfigur gegenüber. Als sich *Läuffer*, der mit sich selbst nicht fertig wird, kastriert, stimmt *Wenzeslaus* ein theologisch perverses Loblied an: *. . . meinen herzlichsten Glückwunsch drüber, vortrefflich, junger Mann, zweiter Origines . . . Das ist die Bahn, auf der Ihr eine Leuchte der Kirche, ein Stern erster Größe, ein Kirchenvater selber werden könnt . . .*[79] Die Perversionen der Freiheit berufen sich hier auf Rousseau und Origenes: Man findet Modelle überall. *Läuffer* ist *höchst widrig* zumute, und das Ende des Dramas ist possenhaft: *Läuffer* heiratet ein *Landmädchen* (eines der Lenzschen sexuellen Idole); das geschändete *Gustchen* bekommt seinen *Fritz-Romeo*, und *Fritz, der verlorene Sohn*, wird von *Pätus* mit Geld ausstaffiert, das dieser in der Lotterie gewonnen hat. *Pätus* selbst bekommt die

Jungfer Rehaar. Das Stück schließt wie eine Komödie, obwohl es als Tragödie verläuft.

Im vierten Akt wird eine wichtige Figur eingeführt, der Leipziger Lautenspiellehrer *Rehaar.* Im Gegensatz zu *Wenzeslaus,* der durch seine Orthodoxie gegenüber der Welt gefeit ist, stellt er den unterwürfigen Bürger dar. Devot verhält er sich gegenüber seinen adligen Schülern und Studenten. Seine Tochter gibt er zwar nicht offen, aber auf Umwegen, bei *ihrer Tante* in *Königsberg,* preis. Sich für seine Ehre zu schlagen, weigert er sich: *Ein Musikus muß keine Courage haben.* Er ist komisch wie die Unterprivilegierten bei Plautus: Der «niedrige» Charakter ist Gegenstand des Gelächters. Der noble *Fritz* übernimmt die Verteidigung der *Jungfer* gegenüber *Pätus.* Die *Rehaar*-Episode nimmt Züge der *Soldaten* vorweg, wo es von den Offizieren heißt: *Die machen einem Mädchen ein Kind und kräht nicht Hund oder Hahn nach.* Wie *Wesener* ist Vater *Rehaar* allzu schwach. Der Offizier hat jene *Courage,* die *Rehaar* fehlt. *Jungfer Rehaar* wird in Königsberg das Opfer des *Herrn von Seiffenblase.*

Dem Musiker *Rehaar* und den Studenten fehlt es an *Charakter.* Das ist nicht moralisch zu verstehen. Nur der Held der *Tragödie* hat nach Lenz *Charakter;* die Figur der *Komödie* brauchen wir *nicht als ganze Person zu kennen,* sondern nur in ihrer Funktion für den Verlauf: *Die Personen sind für die Handlungen da,* heißt es am Schluß der *Abhandlung übers Theater.* Das wird sich auch in den *Soldaten* zeigen: Die Offiziere sind keine Persönlichkeiten, sondern Segmente eines sich drehenden Kreises. Sie sind Adlige und genießen – als Offiziere des Königs – Privilegien. Der Adel als solcher lebt aber, genauso wie der Bürger, im Gefängnis seines Schlosses, seiner Vorurteile, seiner unerfüllten Wunschträume.

Der Schluß bringt dann die Erfüllung aller Wünsche und Träume. Das ist nur möglich durch Umkehr der Motive, unerhörte Großmut, unerwartete Überraschungen und einen Lotteriegewinn – die rationalisierte Form des Glücks. Die Abhängigkeit spiegelt sich bis in die Sprache der Figuren. Die *Studenten* reden kraftmeierisch, die *Majorin* französisch, *Wenzeslaus* biblisch, der *Pastor* im Predigerton, der *Geheime Rat* vornehm und *Fritz* aus einem edlen Herzen.

All das gehört zu dem, was Bertolt Brecht die «Fremdbestimmung» der Personen nannte. Seine Bearbeitung des Dramas verstärkte und politisierte diesen Zug: «Wills euch verraten, was ich lehre: / Das ABC der Teutschen Misere.»[80] Brecht raffte und straffte das Drama; er redet von «Revolution» und deren «Kasuismus». Er sieht Läuffer «sozusagen auf dem Strich» der Ergebenheit für den Adel.[81] Lenz hat freilich nie an

Die Majorin prüft den Kandidaten Läuffer auf seine Eignung

Revolution gedacht, wohl aber an Reformen des bestehenden Systems. Im *Hofmeister* und in den *Soldaten* arbeitete er seine Thesen einer Reform ein und vertrat sie in Essays und theoretischen Schriften.

Die Kritik war begeistert. Schubart meinte, das Stück sei eine «ganz eigentümliche Schöpfung unseres Shakespeares, des unsterblichen Dr. Göthe». Auch andere hielten Goethe für den Autor. Die «Frankfurter gelehrten Anzeigen» rühmten die Befreiung vom klassizistischen Schema. Herder empfahl Hamann das Stück als Gegengewicht zu dem verhaßten «Berliner literarischen Geschmack», womit Nicolai gemeint war. Wagner und Klinger nahmen den *Hofmeister* als Schnittmuster für eigene Stücke, dieser für «Das leidende Weib» (1775), jener für «Die Kindermörderin» (1776). Sonderbarerweise hat Friedrich Hebbel den *Hofmeister* willkürlich und ohne System gefunden – während er «Das leidende Weib», den Klingerschen Abklatsch mit gleichen Personen, für ein Lenzsches Original hielt. Der Theaterdirektor Friedrich Ludwig Schröder stellte eine Bühnenfassung des *Hofmeister* her und spielte sie 1778 in Hamburg, etwas später in Berlin und Mannheim. Es ist die einzige zeitgenössische Aufführung eines Lenzschen Dramas geblieben.

Aus der Bearbeitung des «Hofmeister» für die Aufführung in Mannheim

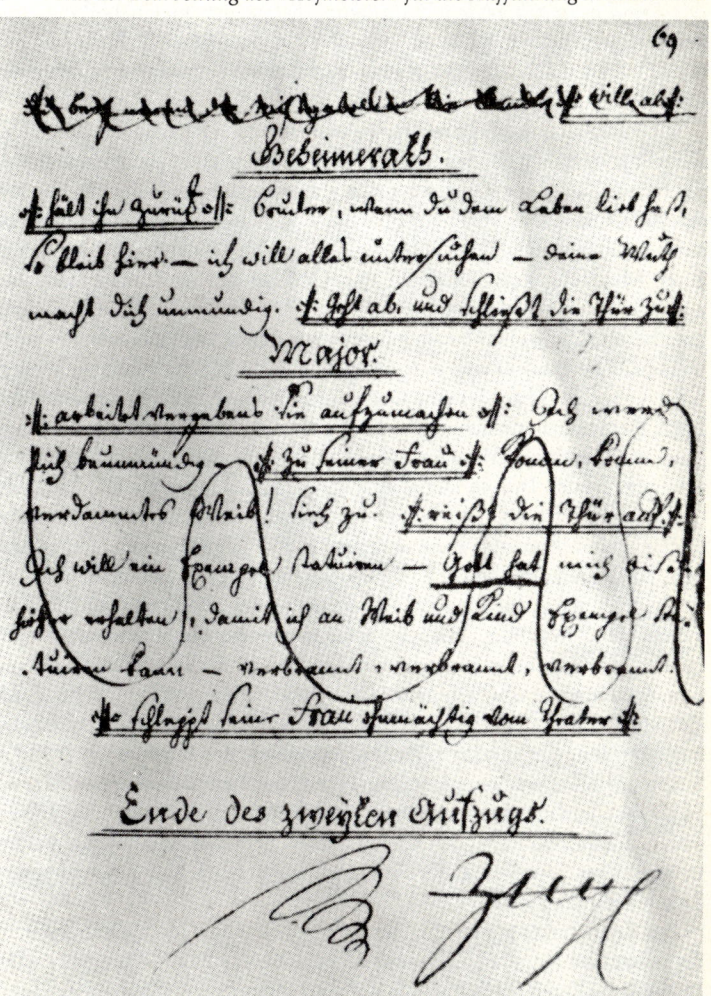

Da Lenz fast alles, was er hinterlassen hat, in wenigen Jahren konzipierte, ergeben sich verblüffende Überschneidungen und Wiederholungen. In allen Dramen finden wir verwandte Figuren, eine sprunghaft vorangetriebene Handlung, die auf der Bühne so gefährlichen *unverbundenen Szenen* und ein verwandtes Milieu. Darum tut man Lenz Unrecht, wenn man nur den *Hofmeister* und *Die Soldaten* spielt. *Der neue Menoza* und *Die Freunde machen den Philosophen* haben den gleichen Rang, und halbfertige Stücke wie *Der tugendhafte Taugenichts* und *Catharina von Siena* haben einen höheren Rang – nur daß sie eben unfertig geblieben sind.

Die Parallelen der Figuren springen ins Auge. Die bürgerlichen Väter aller Stücke möchten ihre Töchter den Adligen zwar nicht als Geliebte überlassen, aber sie kennen kein höheres Familienziel als die Ehe mit einem Baron. Lenz' Väter sind bis zur Narrheit in ihre Töchter verliebt, seine Mütter stoßen ihre Söhne von sich. Die Mädchen führen sich in einer Mischung von Unschuld und Geilheit auf. Während *Gustchen Läuffers* Hand küßt, denkt sie an ihren *Fritz*. Daß der kastrierte *Läuffer Lise* heiraten will, ist ebenso peinlich wie deren Wunsch, seine Frau zu werden. Wie *Läuffer* will sich *Prinz Tandi*, im *Neuen Menoza*, kastrieren. *Wenzeslaus* hat hier eine Gegenfigur in dem frömmelnden *Magister Beza*. Der widernatürlichen Ehe *Läuffers* mit *Lise* entspricht die Verteidigung der Geschwisterehe im *Menoza*. Die *Majorin* aus dem *Hofmeister* erscheint in der *Donna Diana* des *Menoza* zum Superweib fortgebildet und wird in der *Catharina* geläutert erscheinen als Frau von Bedeutung.

Der neue Menoza ist Lenz' zweites Drama. Es erschien 1774 kurz nach dem *Hofmeister* im gleichen (Weygandschen) Verlag anonym. Der Titel heißt: *Der neue Menoza oder Geschichte des Cumbanischen Prinzen Tandi. Eine Komödie.* Was die *schätzbare Idee* des Stücks angeht, so stammt sie aus Erik Pontoppidans dreibändigem lutherischen Erbauungsroman «Menoza, ein asiatischer Prinz, der die Welt durchzog, um Christen zu suchen» (1742/43). Lenz dürfte den Roman in seinem Elternhaus kennengelernt haben. Der edle «Wilde», der Europas übertünchte Sitten entlarvt, war eine Lieblingsgestalt der europäischen Aufklärung. Es bleibt allerdings beim Schema: Prinz Tandi reflektiert den Verfall der Sitten in schönen Reden; er verharrt im Zentrum der Handlung, wo mit Betrug, Verschwendung, Kindestausch, Vatermord und Geschwisterehe dick aufgetragen wird.

Die Kritik hakte gleich ein. Der zum Konsens der Geschwisterehe beim Konsistorium eingeholte Dispens schockierte das Publikum. Lenz erklärte, die anstößigen Stellen werde er in einer zweiten Auflage ändern; aber

Erik Pontoppidan. Stich nach einem Gemälde von A. Brynnik

er kam nicht dazu. Im *Menoza* sind die kraftgenialischen Töne am
lautesten. *Gräfin Diana* möchte die weibliche mit der männlichen Men-
talität vertauschen und sagt zu ihrer *Amme: Ich halt mich nichts besser
als meinen Hund, so lang ich ein Weib bin. Laß uns Hosen anziehn und
die Männer bei ihren Haaren im Blute herumschleppen . . . Ein Weib
muß nicht sanftmütig sein oder sie ist eine Hure, die über die Trommel
gespannt werden mag. Lies, Hexe! Oder ich zieh dir das Fell ab, das
einzige Gut, das du noch übrig hast, und ich verkauf es einem Pauken-
schläger.*[82]

Die Stimmungen springen blitzschnell um. Die Personen folgen ihren
Einfällen aus nicht angegebenen Gründen. Die Verachtung der Bühnen-

möglichkeit treibt Lenz nirgends weiter als hier. So wie das Kraftweib innerhalb des Dramas keine Funktion hat und ihre Ansprüche weder durch Moral noch durch Perversität gedeckt werden, gibt es viele Szenen, die nur gewalttätig wirken. Als *Biederling* dem *Grafen* erklärt, daß seine Tochter schon verheiratet ist, kommt es zu folgender Szene:

Graf (faßt ihm die Gurgel): Stirb, Elender, bevor –
Herr v. Biederling (ringt mit ihm): Sackerment – ich will dich (wirft ihn
  zu Boden und tritt ihn mit Füßen) – du Racker!
Graf (bleibt liegen): Besser, besser, Herr von Biederling!
Herr von Biederling (hebt ihn wieder auf): Was wollst du denn mit mir?
Graf (sein Knie umarmend): Können Sie mir verzeihn? [83]

Die rasche Aktion entspricht dem Wechsel der Stimmungen und Launen: Der Mensch ist ein irrationales Wesen. Es kommt zu unmotivierten Szenen wie dem Selbstmord des Dieners *Gustav.* Der fünfte Akt mit der drolligen Verteidigung des *Straßburger Püppelspiels* – als Modell einer nicht an dramatische Regeln gebundenen Gattung – hat mit der Handlung nichts zu tun: Es ist Lehrmeinung des Theoretikers Lenz.

Man kann den *Menoza* als *Komödie* nur verstehen, wenn man in den Elementen des Tadels die von Lenz gemeinten Vorzüge eines überraschenden, märchenhaft im Guten wie Bösen gesteigerten Spiels sieht. Ähnlich wie im *Hofmeister* steckt das Neue nicht so sehr in der Zeit- und Gesellschaftskritik als in der mit Pantomime und Gestik verbundenen dramatischen Rede. Nur bei Heinrich von Kleist gibt es ähnliche Sprachlosigkeit aus überwältigten Gefühlen. *Herr von Biederling* möchte seine Tochter dem *Prinzen* geben und setzt ihr zu. *Wilhelmine* schweigt hartnäckig. Die Szene endet:

Herr von Biederling: . . . o meine Tochter – ich kann nicht – das Herz
  bricht mir. (Fällt ihr um den Hals.)
Wilhelmine (an seinem Halse): Ich will ledig bleiben.
Herr von Biederling (reißt sich los): Sackerment nein (stampft mit dem
  Fuß), das will ich nicht. Wenn ich in der Welt zu nichts nutz bin, als
  dein Glück zu hindern – lieber herunter mit dem alten unfruchtbaren
  Baume! Nicht wahr Prinz, was sagen Sie dazu?
Prinz: Sie sind grausam, daß Sie mich zum Reden zwingen. Ein solcher
  Schmerz kann durch nichts gemildert werden als Schweigen (mit
  schwacher Stimme), Schweigen, Verstummen auf ewig. (Will gehen.)
Wilhelmine (hält ihn hastig zurück): Ich liebe Sie.
Prinz: Sie lieben mich? (Ihr ohnmächtig zu Füßen.)

Wilhelmine (fällt auf ihn): O ich fühl's, daß ich ohne ihn nicht leben kann.

Herr von Biederling: Holla! Gibt ihm eins auf den Mund, daß er wach wird. (Man trägt den Prinzen aufs Kanapee, wo Wilhelmine sich neben ihn setzt und ihn mit Schlagwasser bestreicht.)

Prinz (Die Augen aufschlagend): O von einer solchen Hand –[84]

Ohnmachten, Verstummen, Berührungen, Aufspringen werden teils von Regieanweisungen, teils von der Wechselrede dirigiert. So erhält das Drama ein pantomimisches Element. Die Ohnmachten wiederholen sich so häufig, daß die Absicht deutlich wird: Der Mensch wird überrumpelt von Situationen, denen er nicht gewachsen ist. Überrumpelung ist ein alter Komödientrick. Lenz erneuert ihn im Rückgriff auf die Commedia dell'arte.[85] Deren Gesetz, der «Mechanismus», steht hinter der Konzeption des *Neuen Menoza.* Die Überrumpelung durch unerwartete Konstellationen wirkt als Karikatur. Vor ihr versagen die hohen Gefühle und die Sprache. In einer Selbstverteidigung gegen die zeitgenössische Kritik erklärte Lenz: *Die würkliche Natur in ihrer ganzen Individualität ist wohl selten dramatisch, und um sie anschaulich zu machen, wievieles muß der Künstler dazu lügen und verkleistern.*[86] Dazu paßt eine durch Rosanow überlieferte Notiz von Lenz: *Mein Hofmeister und Soldaten sind von Seiten der Kunst sehr fehlerhaft . . . Meine andre Stücke sind dramatische noch unbearbeitete Massen. Menoza hat nichts als dramatische Einkleidung.*[87]

Lenz hatte das Gefühl, es zu weit getrieben zu haben. Bezeichnend sind die Sätze eines Briefs an Herder, der zu den Lesern gehörte, die den *Neuen Menoza* gelobt und zitiert hatten: *Ach wie ich meinen Menoza aus dem Innersten meines Schranks wieder hervorlangte und Gott dankte! Denn ich war mutlos, daß ich ihn geschrieben und daß er nicht erkannt worden war. Auch Fromme wenden ihr Antlitz von mir, dacht ich. Ich verabscheue die Szene nach der Hochtzeitsnacht. Wie konnt ich Schwein sie auch malen! Ich, der stinkende Atem des Volks, der sich nie in eine Sphäre der Herrlichkeit erheben darf.*[88]

Was Lenz damit meinte, ergab sich aus dem Gefühl der Entfernung von den Freunden, vor allem von Goethe und Herder, die zu den *Sphären der Herrlichkeit,* des Idealismus, aufgebrochen waren. Lenz, in seiner Verlassenheit, hat tiefer gesehen als Goethe, der damals das, was er an Gretchen sah, aus der Sphäre des *stinkenden Atems des Volks* übertrug in die Sphäre eines geschändeten Engels.

Lenz stand dieser Entwicklung seiner Freunde skeptisch gegenüber. Seine Kritik an der europäischen Gesellschaft ist nirgends so deutlich wie im *Menoza. Prinz Tandi* entdeckt auf Schritt und Tritt Widersprüche – er ist ja nicht ein Primitiver, sondern Fürst einer anderen Welt. Lenz führt das europäische Chaos vor, um es zu entlarven. Die *Biederlings* – der Name spricht es schon aus – vertreten den anständigen, in beschränkendem Sinn «biederen» Wohlstandsbürger. Daß der Graf *Camäleon* heißt, deutet auf seine Wandlungen als Schwindler, Schmeichler und Schönredner hin. *Zierau* vertritt die modisch naive Aufklärung. Sein Vater, der *Bürgermeister*, amüsiert sich nach harter Arbeit beim Puppenspiel. *Tandi* ist Lenz' Sprachrohr. Was er über *Naturgesetz, Gottesgesetz, Gemüt, Empfinden* und *Glückseligkeit* sagt, entspricht den von Lenz in seinen theoretischen Schriften vorgetragenen Grundsätzen. Seine Rede ist von neutestamentlichen Zitaten durchsetzt und beruft sich auf Kirchenväter und *Thomas a Kempis* «De imitatione Christi».[89]

Tandis Botschaft gipfelt im Prinzip der Liebe. Es steht der Begierde gegenüber. Aber Liebe genügt nicht: Der Mensch muß handeln. Der Jesuitenschüler *Tandi* wird den Europäern immer wieder vorhalten, sie hätten zwar gute Gedanken und Gesetze, aber sie handelten nicht nach ihnen. Deshalb sei Europa ein *Morast: Das ist der aufgeklärte Weltteil! Allenthalben, wo man hinriecht, Lässigkeit, faule ohnmächtige Begier, lallender Tod für Feuer und Leben, Geschwätz für Handlung.*[90] *Ihr seid wunderschöne Masken, mit Laster und Niederträchtigkeit ausgestopft,* sagt Tandi.[91] Das *Herz*, die *Liebe* suche man vergebens. Im *Baum der Erkenntnis*, einem Vortrag von 1772, hatte Lenz gesagt: *Wenn Gott aus den Menschen bloß ein denkendes und empfindendes Wesen hätte machen wollen, so würde er's bei den Schatten, die er um ihn pflanzte, bei dem blauen Himmel, mit dem er ihn bedeckte, und der schönen Dekoration des Paradieses habe bewenden lassen. Aber er wollte ihn auch h a n d e l n d, nicht bloß leidend. Der Mensch sollte freilich einen Blick der Gottheit ins schöne Weltall tun und alles übereinstimmend empfinden: aber er sollte auch f r e i, ein kleiner Schöpfer, der Gottheit n a c h - h a n d e l n.*[92]

Beza nennt diese Gedanken, als *Tandi* sie ausspricht, *Freigeisterphilosophie.* Sie verführe den Menschen, den Himmel zu vergessen. *Beza* hat ein spezifisch *deutsches Laster: Er baut sich ein System, und was dahinein nicht paßt, gehört in die Hölle.*[93] So kann *Beza* in der von *Tandi* geforderten *Liebe* nur eine Versuchung sehen, *ins Bordell zu gehen.* Der Aufklärer, *Zierau*, möchte die Bordelle durch bessere Erziehung überflüssig machen. *Tandi* hält solche Gedanken für Schwärmereien *im Hirn der Dichter*[94]. Liebe gibt es für ihn nur da, wo der Mensch frei ist: *Wilhelmine* soll nicht gemäß väterlichem Rat lieben, sondern sich frei entscheiden. Wenn *Tandi* im weiteren Verlauf auf *Vernunft, Freiheit* und wahrer *Liebe* als Voraussetzung der Ehe besteht, so vertritt er Gedanken, die in Lenz' Briefen von 1772 und 1773 wiederkehren und mit

Leibniz' Metaphysik belegt werden. Das Studium der Kirchenväter ging eine Verbindung ein mit Ideen von Rousseau und Kant. Der Sittenverderbnis seiner Zeit stellte Lenz ein aufgeklärtes Christentum gegenüber. Daher sein Kampf gegen *Wieland*[95] und seine Begeisterung für Lavater und Herder.

Nach der Promotion zum Lizentiaten der Rechte hatte sich Goethe Anfang August 1771 von Friederike Brion, Pfarrerstochter in Sesenheim, verabschiedet. Er hatte ihr nicht gesagt, daß es ein Abschied für immer sein sollte. Ein dreiviertel Jahr lang hatte die freundschaftliche Beziehung gedauert; vom 18. Mai bis 23. Juni hatte Goethe in Sesenheim gewohnt. Damals entstand seine Rötelzeichnung des Pfarrhauses. Was er viel später in «Dichtung und Wahrheit» über Friederike und Sesenheim schrieb, gehört zum Roman seines Lebens und ist entsprechend zu beurteilen.

Es ergab sich, daß das Regiment der Herren von Kleist im Sommer 1772 zu Übungen nach Fort Louis auf der Rheininsel, dreißig Kilometer flußabwärts von Straßburg, verlegt wurde. Von hier war es nicht weit nach Sesenheim, und Lenz nahm Gelegenheit, einen Besuch im Pfarrhaus zu machen. Er schrieb an Salzmann: *Ich habe die guten Mädchen* (die Töchter des Pfarrers Brion) *von Ihnen gegrüßt. Sie lassen Ihnen ihre ganze Hochachtung und Ergebenheit versichern. Es war ein Mädchen, das sich vorzüglich freute, daß ich so glücklich wäre, Ihre Freundschaft zu haben. Mündlich mehr. Ich komme in der Fronleichnamswoche zuverlässig nach Straßburg.*[96]

Die e i n e war Friederike. Lenz erinnerte sich, daß er Goethe im Jahr vorher Vorhaltungen gemacht hatte: *Ich erinnere mich wohl, daß ich zu gewissen Zeiten stolz einen gewissen G. tadelte und mich meiner sittsamen Weisheit innerlich brüstete wie ein welscher Hahn, als Sie* (Salzmann) *mir etwas von seinen* (Goethes) *Torheiten erzählten. Der Himmel und mein Gewissen strafen mich jetzt dafür . . . Den Sonntag waren wir* (Lenz mit dem jüngeren Kleist) *in Ses. Den Montag früh ging ich wieder hin und machte in Gesellschaft des guten Landpriesters und seiner Tochter eine Reise nach Lichtenau. Wir kamen den Abend um 10 Uhr nach S.* (Sesenheim) *zurück, und diesen und den folgenden Tag blieb ich dort. Es ist mir, als ob ich auf einer bezauberten Insel gewesen wäre: Ich war dort ein anderer Mensch als ich hier bin. Alles, was ich geredet und getan, hab ich im Traum getan.*[97]

In Fort Louis empfing Lenz Briefe von Vater und Bruder. Sie beschworen ihn, nach Hause zurückzukehren. In seiner Antwort rühmte sich Lenz der Bekanntschaft des Predigers von Sesenheim und daß er auf dessen Kanzel eine Predigt gehalten und sich als Kandidat der Theologie bewährt habe; leider mußte er gestehen: *Ich entdeckte einen wesentlichen Fehler fürs Predigtamt in mir, die Stimme. Ich ward heiser und fast krank . .*[98]

Lenz hatte sich in Straßburg und den elsässischen Garnisonen, auf

Goethes Spuren, mit der Juristerei, mit französischer und englischer Literatur und mit Strategie auseinandergesetzt. Er glaubte jetzt einen neuen Zugang zur Theologie gefunden zu haben. Manche Briefe klingen so, als habe er an eine Bekehrung geglaubt, wie sie in pietistisch beeinflußten Kreisen vorkamen. Was die Predigt angeht, hatte er Salzmann darüber in anderen Tönen als dem Vater geschrieben: *Ich habe in Sesenheim gepredigt, sollten Sie das glauben? Den Sonnabend nachmittag karessiert; nach Fort Louis gegangen; das Tor zu gefunden; den Pfarrer* (Brion) *am Nachtessen unruhig gefunden, daß er so viel zu tun habe; mich angeboten; bis vier Uhr in der Laube gesessen; mich von meinen Fatiguen erholt; eingeschlafen; den Morgen eine Bibel und eine Konkordanz zur Hand genommen und um neun Uhr vor einer zahlreichen Gemeinde, vor vier artigen Mädchen, einem Baron* (Kleist) *und einem Pfarrer* (Brion) *gepredigt. Sehn Sie, daß der Liebesgott auch Kandidaten der Theologie macht, daß er bald in Alexanders Harnisch wie eine Maus kriecht* (Soldat spielt), *bald in der Soutane eines Pfarrers von Wakefield* (Roman von Goldsmith) *wie ein der Liebesgelahrtheit Beflissener. Mein Text war das Gleichnis vom Pharisäer und Zöllner und mein Thema die*

Das Pfarrhaus in Sesenheim. Rötelzeichnung von Goethe, 1770/71

schädlichen Folgen des Hochmuts. Die ganze Predigt war ein Impromptu, das gut genug ausfiel.[99]

Anfang September wurde das Regiment nach Landau verlegt, und damit hatte das Sesenheimer Idyll ein Ende. Ähnlich wie Goethe beglückte Lenz Friederike jetzt mit Briefgedichten. Wir wissen nicht, ob sie Lenz ernst genommen oder gar erhört hat. Es ist nicht anzunehmen, da sie schwer unter Goethes Treulosigkeit litt. Vielleicht hat Lenz seine Stelle bei ihr einzunehmen versucht, aber nach allem, was wir über seine Beziehungen zum weiblichen Geschlecht wissen, war seine Neigung einseitig und fand ihr Echo in seiner Einbildungskraft.

Die Literaturwissenschaft wurde 1835 durch ein Konvolut von Gedichtabschriften aufgeschreckt, das Heinrich Kruse aufgezeichnet hatte, als er Goethes Spuren in Sesenheim nachging. Friederike war längst tot. Ihre Schwester Sophie zeigte Kruse eine Reihe von Handschriften – es waren Gedichte, welche Goethe und Lenz ihren Briefen beigelegt hatten. Kruse durfte sie abschreiben, elf an der Zahl. Das ist das berühmte Sesenheimer Liederbuch. Goethe-Kenner des 19. Jahrhunderts, wie Ludwig Hirzel und Michael Bernays, schrieben alle Gedichte Goethe zu. Sie wurden in die erste Auflage von Max Morris' Standardwerk «Der junge Goethe» (1875) übernommen. In Wirklichkeit dürfte der größere Teil der

Stammbuchblatt aus einem Poesiealbum Goethes mit eigenhändiger Eintragung Friederike Brions. Sesenheim, 24. Juni 1775

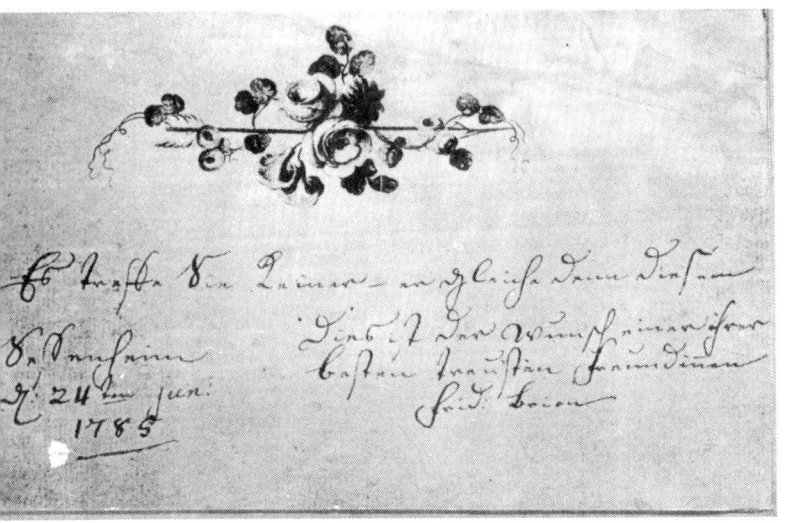

Friederike Brion. Silberstiftzeichnung von Joh. Friedr. August Tischbein

Gedichte von Lenz sein. Der Streit ist unentschieden geblieben. Heute gelten als Goethes Gedichte nur jene, die er selbst, etwas verändert, in die eigenen Ausgaben übernommen hat, darunter eins der schönsten Jugendgedichte Goethes, «Willkommen und Abschied» («Es schlug mein Herz, geschwind zu Pferde . . .»).

Stücke wie *Erwache Friederike, Ob ich dich liebe, Ich komme bald, Jetzt fühlt der Engel* und *Kleine Blumen, kleine Blätter* werden heute nur

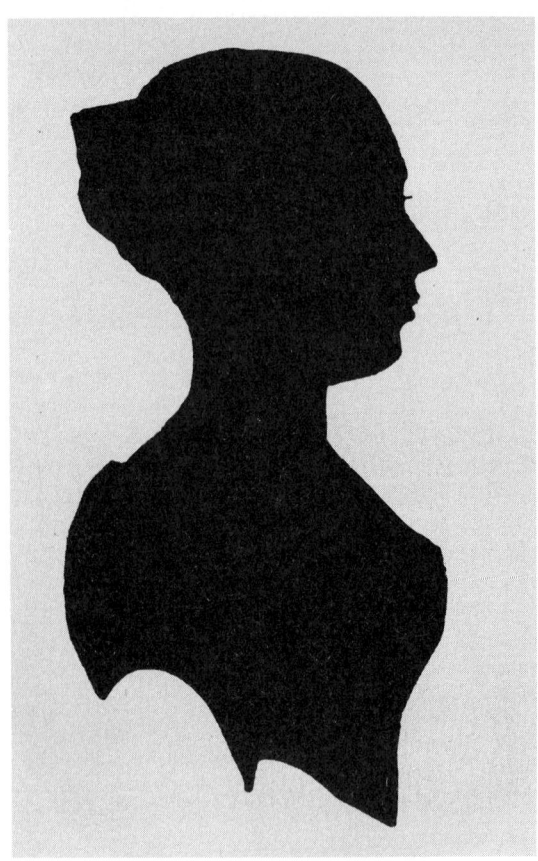

mit Vorbehalt Goethe zugeschrieben.[100] Daß sie von Lenz sind, ist möglich, aber nicht zu beweisen. Von den früher Goethe zugeschriebenen Gedichten werden seit Edward Schröder vor allem die folgenden Lenz zugeschrieben:

> *Wo bist du itzt, mein unvergeßlich Mädchen,*
> *Wo singst du itzt?*
> *Wo lacht die Flur? wo triumphiert das Städtchen,*
> *Das dich besitzt?*
>
> *Seit du entfernt, will keine Sonne scheinen*
> *Und es vereint*

Der Himmel sich, dir zärtlich nachzuweinen
Mit deinem Freund.

All unsre Lust ist fort mit dir gezogen.
Still überall
Ist Stadt und Feld. – Dir nach ist sie geflogen
Die Nachtigall.

O komm zurück! Schon rufen Hirt und Herden
Dich bang herbei.
Komm bald zurück! sonst wird es Winter werden
Im Monat Mai.[101]

Thematisch verwandt ist das nächste Gedicht. Beide nehmen Töne und
Topoi der Lyrik jener Jahre auf. Gegenstücke findet man bei Ewald von
Kleist, Gleim und Hagedorn. Der Ton geht auf Petrarca und den Minne-
dienst zurück: Der Abschied der Geliebten ist gleichbedeutend mit dem
Verlust des Lichts, der Freude, der Schönheit und des Glücks:

Ach bist du fort? Aus welchen güldnen Träumen
Erwach ich itzt zu meiner Qual?
Kein Bitten hielt dich aus, du wolltest dich nicht säumen,
Du flogst davon – zum zweiten Mal.

Zum zweiten Mal sah ich dich Abschied nehmen,
Dein göttlich Aug in Tränen stehn
Für deine Freundinnen – des Jünglings stummes Grämen
Blieb unbemerkt, ward nicht gesehn.

O warum wandtest du die holden Blicke
Beim Abschied immer von ihm ab.
O warum ließest du ihm nichts, ihm nichts zurücke
Als die Verzweiflung und das Grab? . . .[102]

Sprache und Stimmung sind lenzisch. Die überkommene Form ist ganz
von ihm erfüllt – *des Jünglings stummes Grämen*. Aus ähnlicher Ge-
fühls- und Erlebnislage kommen *Freundin aus der Wolke* und *An das
Herz*, wo man freilich eine Anlehnung an Goethe zu hören glaubt, wenn
Lenz dichtet:

Lieben, hassen, fürchten, zittern,
Hoffen, zagen bis ins Mark,

Kann das Leben zwar verbittern;
Aber ohne sie wär's Quark![103]

Erst viel später, in Weimar, hat Lenz das Erzählgedicht *Die Liebe auf dem Lande* vollendet. Es befand sich in Goethes Akten und wurde nach Lenz' Tod, mit anderen Lenziana, Schiller übergeben, der es in seinem Musen-Almanach auf das Jahr 1798 druckte. Das Gedicht existierte in mehreren Fassungen. Der Anfang

> *Ein wohlgenährter Kandidat,*
> *Der nie noch einen Fehltritt tat*

ist von Edward Schröder als bösartige Parodie nachgewiesen. Den Kern bildet die Elegie von der verlassenen Braut. Der Mann, der seiner Pfarrerstochter nachtrauert, ist Goethe. Vielleicht hat Lenz mit diesem Gedicht den untreuen Goethe der Verlassenen wieder zuführen wollen – eine Rolle, die seiner Redlichkeit entsprach und sich wiederholen sollte, als der älteste Kleist Cleophe Fibich der Obhut von Lenz überlassen hatte. Das Gedicht auf die Verlassene geht vom Pfarrer aus:

> *Der hat ein Kind, zwar still und bleich,*
> *Von Kummer krank, doch Engeln gleich. –*
> *Sie hielt im halberloschenen Blick*
> *Noch Flammen ohne Maß zurück;*
> *All itzt in Andacht eingehüllt,*
> *Schön wie ein marmorn Heilgenbild. –*

> *War nicht umsonst so still und schwach,*
> *Verlaßne Liebe trug sie nach,*
> *In ihrer kleinen Kammer hoch*
> *Sie stets an der Erinnerung sog;*
> *An ihrem Brotschrank an der Wand*
> *Er immer immer vor ihr stand,*
> *Und wenn ein Schlaf sie übernahm,*
> *Im Traum er immer wieder kam.*

> *Für ihn sie noch das Härlein stutzt,*
> *Sich wenn sie ganz allein ist putzt,*
> *All ihre Schürzen anprobiert*
> *Und ihre schönsten Lätzchen schnürt,*
> *Und vor dem Spiegel nur allein*
> *Verlangt, er soll ihr Schmeichler sein.*

Denn immer, immer, immer doch
Schwebt ihr das Bild an Wänden noch
Von einem Menschen, welcher kam
Und ihr als Kind das Herze nahm.
Fast ausgelöscht ist sein Gesicht,
Doch seiner Worte Kraft noch nicht
Und jener Stunden Seligkeit
Und jener Träume Wirklichkeit,
Die angeboren jedermann
Kein Mensch sich wirklich machen kann.[104]

Man hat auch dies Gedicht, aus Gründen des dichterischen Ranges, Goethe zuschreiben wollen. Schon für die Zeitgenossen war es schwierig, Goethes und Lenz' Werke auseinanderzuhalten. Die Situation des Gedichts spricht für Lenz; nur er hat die Verlassene in diesem Zustand gekannt.

An diese Situation knüpft Albert Grüns Schauspiel «Friederike»[105] an und Robert Walsers dramatische Skizze «Lenz»[106], die nach Straßburg und Weimar hinübergreift. Walser sieht Lenz als einen Über-Sensitiven, der in einer feindlichen Umwelt zugrunde geht.[107]

Im letzten Drittel des 18. Jahrhunderts änderte sich die geistige und soziale Lage des Bürgertums und des Adels. Das Bürgertum der großen Städte wurde wohlhabend und übernahm mit den Idealen von Toleranz und Freiheit die lockeren Sitten des Rokoko. Der Adel fand eine Aufgabe im militärischen Dienst. Während die Mannschaft der stehenden Heere aus geworbenen und gekauften Soldaten bestand, entdeckten die Offiziere in den Garnisonen den Reiz des gesellschaftlichen Umgangs mit dem Bürgertum. Der Soldat, bisher ein Glücksritter und Outcast, wurde gesellschaftsfähig. Lessings Drama «Minna von Barnhelm» heißt im Untertitel «Das Soldatenglück». Der Offizier dringt in die Literatur ein.[108]

Lenz hatte in Gesellschaft der Herren von Kleist dies Leben sozusagen von innen her kennengelernt. Im Gefolge der Brüder nahm er an der mondänen Stadtkultur Straßburgs teil[109], an Theateraufführungen, Bällen, Konzerten, privaten Festen und öffentlichen Vergnügungen. Es war die Kehrseite des auf einen Freundeskreis beschränkten geistigen Lebens im Rahmen der Sozietät. In seinen *Soldaten* hat Lenz diese Welt, nur leicht verschoben, dargestellt. Das Übel des Soldatenstandes – gemeint ist der Stand der adligen Offiziere – ist die vom König geforderte Ehelosigkeit. Daraus entsteht der Konflikt. Lenz wollte ein *Reformator des Militärwesens* werden[110] und die sozialen Gebrechen heilen; sein Programm legte er der edlen *Gräfin* in den Mund. Sophie von La Roche gestand er: *Diese Komödie ist nichts anderes als ein Bild aus meinem eigenen Leben.*[111]

Als Lenz das fertige Stück im Juli 1775 an Herder sandte, klagte er, es habe *sein halbes Dasein mitgenommen*[112]. Herder scheint sich zustimmend geäußert zu haben; die sozialpolitische Tendenz lobte er ausdrücklich, schlug allerdings vor, den Schluß zu ändern. Es waren bezeichnende Kleinigkeiten. Statt *Konkubinen*[113] wurde empfohlen, *eine Pflanzschule von Soldatenweibern*[114] für die *Soldaten* vorzuschlagen. Noch bezeichnender ist, daß der größte Reformvorschlag nicht mehr von der empfindsamen *Gräfin* ausgeht, sondern vom *Oberst Graf von Spannheim*. In seinem Mund klingt er natürlicher und ungezwungener.

Wie im *Hofmeister* und im *Neuen Menoza* sind in den *Soldaten* Lenz' Meinungen verschiedenen Figuren anvertraut. Sie fächern das Thema auf und zeigen seine Aspekte: Neben *Graf* und *Gräfin* sind es *Hauptmann Pirzel, Feldprediger Eisenhardt*, die Offiziere *Haudy, Rammler* und *Mary*. (Die Namen haben «sprechende» Funktion.) Die Figuren sind, getreu Lenz' Definition der *Komödie*, keine Personen, sie haben *keinen* individuellen *Charakter*, sondern sind *für die Handlung* da[115], Segmente

Die
Soldaten.

Eine
Komödie.

Leipzig,
bey Weidmanns Erben und Reich. 1776.

Titelseite der Erstausgabe

des Kreises, jedes an seiner Stelle. Sie spiegeln die Aspekte des Themas. Die Entfaltung macht die Komödie aus.[116]

Vater *Wesener* möchte nicht, daß die Offiziere seine Tochter *in die Komödie*[117] einladen. Sie sei zu jung oder käme bei den Nachbarn ins Gerede. Der wahre Grund ist die unmoralische Wirkung der Rokokokomödie.[118] Aber der Vater ist schwach, kann nicht nein sagen und salbadert mürrisch drauflos: *Weil er dir ein paar Schmeicheleien und so und so – Einer ist so gut wie der andere, lehr du mich die jungen Milizen* (Soldaten) *nit kennen. Da laufen sie in alle Aubergen* (Wirtshäuser) *und in alle Kaffeehäuser und erzählen sich, und eh man sichs versieht, wips* (livländisch: husch) *ist ein armes Maidel in der Leute Mäuler. Ja und mit der und der Jungfer ists auch nicht zum besten bestellt, und die und die kenn ich auch, und die hätt ihn auch gern drin –.*[119]

Wesener spricht nach Volksmanier, dialektgefärbt, redensartlich und in Anakoluthen. Hinter seiner Figur steht nicht das Urbild, der vornehme Juwelier und Ratsherr Fibich aus Straßburg, so wie hinter *Mariane* nicht dessen elegante Tochter Susanne Cleophe. Die Affäre des ältesten Kleist mit der jungen Dame war nur der Anlaß. Das Drama ist also keine Umsetzung Kleistscher und Lenzscher Erlebnisse mit dem Mädchen. Alles was Johannes Froitzheim aus den Straßburger Archiven ans Licht gebracht hat, bis zu dem notariellen Eheversprechen[120] und dessen Ungültigkeit, weil Friedrich Georg von Kleist sein Alter, versehentlich oder absichtlich, falsch angegeben hatte –: all das zeigt, daß die historischen Gegebenheiten sich mit dem Stück berühren, es aber nicht erklären.

Mariane ist ein anderes Mädchen als Susanne. Mit dem Instinkt des geborenen Dramatikers verwandelte Lenz die kokette Juwelierstochter in ein Mädchen, das dem *Baron* verfallen ist. Sie spielt nicht mit ihm, sondern er spielt mit ihr. Die erotisch verfängliche Situation kündigt sich weniger in Worten als in Bewegungsgesten an. *Mariane* möchte ihrem bisherigen Verlobten, *Stolzius*, einen Absagebrief schreiben:

Desportes: So will ich Ihnen diktieren!
Mariane: Das sollen Sie auch nicht. (Schreibt.)
Desportes (liest ihr über die Schulter): Monsieur – Flegel setzen Sie dazu! (Tunkt eine Feder ein und will dazuschreiben.)
Mariane (beide Arme über den Tisch ausbreitend): Herr Baron –
(Sie fangen an zu schöckern; sobald sie den Arm rückt, macht er Miene zu schreiben; nach vielem Lachen gibt sie ihm mit der nassen Feder eine große Schmarre übers Gesicht. Er läuft zum Spiegel, sich abzuwischen. Sie schreibt fort.)
Desportes: Ich belaure Sie doch!
(Er kommt näher, sie droht ihm mit der Feder, endlich steckt sie das

Blatt in die Tasche; er will sie daran hindern, sie ringen zusammen; Mariane kützelt ihn, er macht ein erbärmliches Geschrei, bis er endlich halb atemlos auf den Lehnstuhl fällt.) [121]

In Szenen dieser Art erreicht Lenz Transparenz. Das pantomimische Element sagt mehr als die Worte. So unwahrscheinlich der rasche Wandel *Marianes* zum schamlosen Frauenzimmer ist – die Szene ist immer wahr. Die Bürgerfamilie geht durch die Gemeinheit des Offiziers zugrunde. *Stolzius* nimmt Rache, indem er den Verführer seiner Braut vergiftet. Die Szenen und Figuren sind nach dem Modell der geilen Soldaten und verliebten Hetären bei Plautus gesteigert. Aber die Gewichte sind verteilt: Ebenso schuldig wie die Offiziere ist *Wesener*. Die Offiziere sind in verschiedenen Graden schuldig, der Krawallmacher *Haudy*, der Schwadronneur *Rammler*, der Ideologe (*Metaphysiker*) *Pirzel*, der moralisierende Feldgeistliche *Eisenhardt* und der einsichtige *Oberst*. Ähnlich differenziert werden die Frauen des Dramas behandelt, die rivalisierenden Schwestern *Mariane* und *Charlotte*, die schweigende *Mutter Wesener* und die empfindsam redende *Gräfin de la Roche* (Sophie de La Roche; nicht einmal ihren Namen hat Lenz abgeändert). Alle reden, wie ihnen der Schnabel zurechtgeschnitten ist, mit französischen Modewörtern und mit Offenheit im familiären Kreis:

Charlotte: Das ist alles der Marianel Schuld. (Weint.) Die gottvergeßne Allerweltshure will honette Mädels in Blame bringen, weil sie so denkt.
Wesener (sehr laut): Halt's Maul! Mariane hat ein viel zu edles Gemüt, als daß sie von dir reden sollte, aber du schalusierst (bist eifersüchtig) *auf deine eigene Schwester; weil du nicht so schön bist als sie, sollst du zum wenigsten besser denken. Schäm dich – (Zur Magd:) Nehmt ab, ich esse nichts mehr. (Schiebt Teller und Serviette fort, wirft sich in einen Lehnstuhl und bleibt in tiefen Gedanken sitzen.)*[122]

Das Drama hat fünf Ebenen: die Familie *Wesener*, die Offiziere, die Affäre *Mariane–Desportes, Stolzius* und die *Gräfin*. Sie stehen nicht über- oder nebeneinander, sondern sind kunstvoll verzahnt, als habe Lenz Lessings «Laokoon» studiert: Die Umsetzung von «Gemälden» in dramatisch lebendige Aktion, von Gedanken in Beispiele und von moralisch-religiösen Erwägungen in Szenen. Ein schönes Beispiel dafür ist die *Gräfin*. Sie will das verführte Mädchen zu sich nehmen, hält ihm aber die Mitschuld an seinem Unglück vor Augen. Sie predigt keineswegs Unterwürfigkeit, sondern nennt die Dinge bei Namen: *Sie scheuten die Arbeit. Sie begegneten jungen Mannsleuten Ihres Standes verächtlich.*[123] Sie will ihr durch Aufnahme in ihr Haus, durch freundliche Ermunterungen und eine Mitgift helfen. Es nützt freilich nichts.

In rasantem Wechsel der Szenen, besonders in der vierten bis achten Szene des vierten Akts (*Desportes'* Gefängnis, *Weseners* Wohnung, *Marys* Wohnung, *Weseners* Wohnung und der Szene mit *Desportes'* Jäger), läßt Lenz alle Möglichkeiten der Bühne außer acht. In der neunten Szene werden die Offiziere im Haus der Vettel bei ihrem üblen Treiben gezeigt. Es scheint keinen Ausweg zu geben. Aber *Die Soldaten* sind eine *Komödie*. Die verlorene Tochter bietet sich dem eigenen Vater an – eine Parallele zum 1. Buch Mose, Kapitel 38, wo Juda seine Schwiegertochter Thamar als Straßenmädchen trifft. *Mariane* kehrt zurück, der *Oberst*

Sophie de La Roche. Anonymes Gemälde, um 1770

verspricht Abhilfe und die *Gräfin* resümiert die Lenzsche These: *Das sind die Folgen des ehlosen Standes der Herren Soldaten.*[124]

Die Antwort des *Obristen* umreißt dann das Thema der Lenzschen Schrift *Über die Soldatenehen: Wie ist dem abzuhelfen? Schon Homer hat, deucht mich, gesagt, ein guter Ehemann sei ein schlechter Soldat. Und die Erfahrung bestätigt's . . . Ich sehe die Soldaten an wie Ungeheuer, dem schon von Zeit zu Zeit ein unglückliches Frauenzimmer freiwillig aufgeopfert werden muß, damit die übrigen Gattinnen und Töchter verschont bleiben . . . Wenn der König eine Pflanzschule von Soldatenweibern anlegte.*[125] Die Gräfin zweifelt, ob sich *ein Frauenzimmer von*

Plakat der Erstaufführung der «Soldaten» in der Bearbeitung
Eduard von Bauernfelds am 9. Dezember 1863 am Burgtheater in Wien

Ehre dazu entschließen könne. Aber der *Oberst* ereifert sich, es müßten *Amazonen* sein, die sich dem Staat als Märtyrerin aufopfern, und der König müsse alles tun, diesen Stand glänzend und rühmlich zu machen. Er wisse schon Mittel und Wege dazu: *Die Beschützer des Staates würden sodann auch sein Glück sein, die äußere Sicherheit desselben nicht die innere aufheben, und in der bisher durch uns zerrütteten Gesellschaft Fried und Wohlfahrt aller und Freude sich untereinander küssen.*[126]

Die Schrift *Über die Soldatenehen* entstand im Anschluß an *Die Soldaten* in der ersten Hälfte des Jahres 1776. Es sollte eine Denkschrift sein, und um ein großes Publikum zu erreichen, dachte Lenz an den Hof von Versailles. Die Schrift sollte dafür in die französische Sprache übertragen werden. Dazu kam es freilich nicht. Der Verleger der *Soldaten* lehnte es ab, das Buch zu drucken. (Es ist erst 1914 von Karl Freye herausgebracht worden.) Lenz möchte durch die Einführung von *Soldatenehen* viele Übel beheben: soziale, militär- und finanzpolitische, pädagogische und religiöse. Schicht um Schicht seiner Vorstellungen hat Lenz dargelegt. Schnell weitet sich das Spektrum, und am Ende steht der Entwurf einer Staatsreform.

Lenz erklärt am Anfang, der Soldat wisse nicht, wofür er kämpfe. König und Vaterland interessierten ihn wenig. Er kämpfe für Geld, aus Angst vor Spießruten und Galgen. Eine grausame Disziplin halte die mit Geld und List geworbenen Söldner zusammen: *Ein großer Haufen Unglücklicher, die mehr wie Staatsgefangene als wie Beschützer des Staates behandelt werden, denen ihr Brod und ihre Schläge täglich zugemessen sind, denen außer den verbotenen Freuden – die ihr am Ende doch bestrafen müßt, um nicht aus eurem Staat eine Mördergrube zu machen, das heißt seinen und euren Untergang vor Augen zu sehen – fast keine einzige unschuldige Freude des Lebens übrig gelassen ist –: aus denen wollt ihr eure Verteidiger machen?*[127]

Lenz denkt an den einfachen Mann, der aus Furcht vor Strafen kämpft. Ist aber Furcht ein Motiv zum Kämpfen? *Es muß eine Idee da sein, die den Soldaten begeistern kann, zu stehen. Da in unsern kalten nervenlosen Zeiten eine solche Idee fast ein Unding ist, so muß der Philosoph auf Mittel denken, alle diese flüchtigen Leute an einem Bande festzuhalten.*[128]

Der Soldat muß durch sein eigenes Interesse zum Kämpfen motiviert werden. Das Interesse des Königs muß auch das seinige werden. Lenz bezeichnet seine utopisch klingende *Idee* als ein *Gedicht* und eine Vision: *Ist es ein Gedicht, das ich jüngsthin las, oder ein Gesicht, das ich sah, daß alle die Bürger, alle die Bauern, alle die Edelleute selbst von allen bürgerlichen Abgaben oder von Zöllen befreit waren, die ihre Töchter an Offiziere oder Soldaten verheuratet hatten? Daß dagegen alle die Offiziere und Soldaten, die heurateten, die Erlaubnis hatten, den Winter über bei ihren Weibern auf dem Lande sich aufzuhalten, den Sommer aber sich wieder unter den Waffen einzufinden. Daß dafür ihre Schwiegerväter gehalten waren, ihre Weiber lebenslänglich zu ernähren, mit den Kindern aber sich nicht belasten durften, weil sie ihnen der König abnahm und auf seine Unkosten zu künftigen Soldaten erzog. Waren es aber Töchter, ihnen eine Ausstattung aus der königlichen Kasse bewillig-*

Stolzius zwischen den Soldaten. Szenenbild aus der Bearbeitung von Heinar Kipphardt, Düsseldorfer Schauspielhaus

te, übrigens sie der Sorgfalt der Eltern und Großeltern überließ. Ach wenn es ein Gedicht war, wie nah war es der Wahrheit und wie kurz der Weg, es zu realisieren![129]

Lenz entwirft sein Bild der Zukunft unter Anlehnung an die alten *glücklichen* Zeiten, da der Soldat Bürger und der Bürger Soldat war. Er denkt an das alte Rom und Persien (*die medischen Weiber*). Im Grunde schwebte Lenz ein Volksheer vor. In den Kriegen der folgenden Generation zeigte sich die Überlegenheit der für eine *Idee* begeisterten Armee über die Söldnerheere des 18. Jahrhunderts. Goethe fand Lenz' Heilmittel freilich «lächerlich und unausführbar»; er scheint zu denen gehört zu haben, die Lenz von der Veröffentlichung des «phantastischen Werks» abgeraten haben.

Für die *Komödie Die Soldaten* ist bezeichnend, daß nicht nur der Fachmann, der *Oberst*, diese Idee vertritt, sondern auch der *Prediger Eisenhardt*. Die politisch-soziale Reform ist für Lenz von sittlich-religiöser Bedeutung. Dieser Zusammenhang war schon in den *Anmerkungen übers Theater* festgestellt worden: *Von jeher und zu allen Zeiten sind die Empfindungen, Gemütsbewegungen und Leidenschaften der Menschen auf ihre Religionsbegriffe gepfropft, denn ein Mensch ohne alle Religion hat gar keine Empfindung (weh ihm!), ein Mensch mit schiefer Religion schiefe Empfindungen . . .*[130] Der Zusammenhang wird durch ständige biblische Anspielungen betont. Alles, was die *Gräfin* sagt – zu ihrem *Sohn*, zu *Mariane* und dem *Oberst* –, bewegt sich im Vorraum des Religiösen, der Mahnung und Warnung vor der Liebe von Männern, die nichts als den Wechsel, die *Ausschweifung* wollen: *Und Sie glauben, die einzige Person auf der Welt zu sein, die ihn trotz des Zorns seiner Eltern, trotz des Hochmuts seiner Familie, trotz seines Schwurs, trotz seines*

Szenenbild aus der Oper von Bernd Alois Zimmermann nach den «Soldaten» von Lenz. Premiere in der Hamburgischen Staatsoper am 27. November 1976 (Gabriele Fuchs als Marie)

Charakters, trotz der ganzen Welt treu erhalten wollen? Das heißt, Sie wollten die Welt umkehren – –.[131]

Der religiöse Zusammenhang tritt in den Anspielungen des fünften Akts deutlich hervor. Die verlassene *Mariane* rastet unter einem Baum und zieht ein Stück trockenes Brot aus der Tasche: *Ich habe immer geglaubt, daß man von Brot und Wasser allein leben könnte. (Nagt daran.) O hätt ich nur einen Tropfen von dem Wein, den ich so oft aus dem Fenster geworfen – womit ich mir in der Hitze die Hände wusch –.*[132] Es sind Worte Jesu mit Anspielungen auf den Propheten Elias, den verlorenen Sohn und den armen Lazarus. In der Erniedrigung *Stolzius'* zum gewöhnlichen Soldaten steckt das Schema einer christlichen Passion. Nachdem der Unglückselige seine Untat, den Giftmord an *Desportes*, dem Verführer, vollbracht hat, stirbt er mit den Worten: *Gott kann mich nicht verdammen.*[133] *Stolzius* glaubt, die Weltgerechtigkeit wiederhergestellt zu haben. Selbst *Desportes* hat inmitten einer Gesellschaft plötzlich eine Art Vision. Er sieht, als die Symphonie beginnt, *Mariane*: *Ihr Bild steht unaufhörlich vor mir.*[134] Es ist ein Bild von höchster sexueller Attraktion. Durch diese Attraktion sprengt *Mariane* die bürgerliche Moralität. Nach dem Abend mit *Desportes* in der französischen Komödie steht sie am Fenster, schnürt sich auf und *sieht in die Höhe, die Hände über ihre offene Brust schlagend: Gott, was hab ich denn Böses getan?*[135] Stellung und Geste sagen hier mehr als die Worte. Es ist eine der teleskopischen Kurzszenen, mit denen Lenz oft aufwartet: Das Bild der verlassenen Geliebten findet sich in *Die Liebe auf dem Lande* und im *Neuen Menoza*.

Marianes Unglück, im moralischen Sinn, wird freilich von *Desportes* leichtgenommen; er kehrt in die Gesellschaft zurück. Der Fall des Mädchens wird von *Stolzius* durch Gift gerächt. Der Giftmord ändert den Verlauf des Dramas nicht; er zeigt nur, daß das Individuum, auch in guter moralischer Position, wenig Freiheit besitzt. *Prinz Tandi* hatte der europäischen Gesellschaft vorgeworfen, sie handle nicht entsprechend ihren hohen Grundsätzen. *Stolzius* zeigt, wohin die Konsequenz des Handelns führt. Zu Anfang ist er lächerlich abhängig von der Mutter, er ist weich und sensibel. Gerade von ihm hätte man keine Tat erwartet, und man versteht, daß ein Mädchen wie *Mariane* ihn preisgibt. Er begreift nicht einmal, daß sie schuldig wurde und meint, *der Offizier hat ihr den Kopf verrückt.* Sein Selbstmord war in den Tagen Werthers nicht unbedingt ein negativer Akt. Unmittelbar auf diese Szene folgt die menschlich ergreifendere der Begegnung von Vater und Tochter, und dann kommt der Schluß mit der Darlegung der Thesen über die *Soldatenehen*.

Lenz hat das Drama, kaum war es erschienen, zu verleugnen versucht. Er fürchtete, die Straßburger Bürger und das französische Militär wollten

sich an ihm rächen. Sein Verfolgungswahn suchte nach einer Begründung. Heinrich Christian Boie gegenüber stritt er die Autorschaft glatt
ab. Noch im März 1777 suchte er seinen Freund Klinger zu überreden,
sich als Dichter der *Soldaten* auszugeben. Die Selbstverleugnung steht in
sonderbarem Gegensatz zum Erfolg der *Soldaten*. Keines von Lenz'
Stücken hat mehr gewirkt als dies. Seine Probleme und Figuren – und
nicht zuletzt das moderne Thema des Scheiterns und der Sinnlosigkeit –
wirkten auf Schiller, Büchner, Grabbe, Halbe, Wedekind, Brecht und
Heinar Kipphardt, der *Die Soldaten* 1968 bearbeitet hat wie Brecht den
Hofmeister. Im Februar 1965 wurde Bernd Alois Zimmermanns Oper
«Die Soldaten» uraufgeführt, ein komplexes Werk, das dem Urtext fast
wörtlich folgt und erst nach mehreren Umarbeitungen seine endgültige
Form gefunden hat.

THEOLOGISCHE SCHRIFTEN DER STRASSBURGER ZEIT

Für *Die Soldaten* erhielt Lenz 15 Dukaten. Davon konnte er etwa ein halbes Jahr bescheiden leben. Er muß ununterbrochen geschrieben haben, Schreiben war sein Lebenselement, vor allem Stücke fürs Theater[136], zahlreiche autobiographisch fixierte Prosatexte und eine Fülle von philosophisch-religiösen Schriften. Diese nehmen etwa die Hälfte seines Werks ein. Moral, Politik, Sprache, Theologie, Bibelexegese und Auseinandersetzungen mit Studien seines Fachs, der Theologie, fanden ihren Höhepunkt in den *Meinungen eines Laien*. Unter dem Einfluß von Leibniz, Spalding und vor allem Herders und dessen Entdeckung des religiösen Erlebnisses hatte Lenz zur Theologie zurückgefunden.

Seine ersten Vorträge vor der Straßburger Sozietät zeigten Anklänge an Herders rhapsodisch einfallsreichen Stil. Sie finden sich im *Versuch über das erste Prinzipium der Moral*[137], im *Supplement zur Abhandlung* des Vortrags *vor acht Tagen*, der *Vom Baum des Erkenntnisses Gutes und Böses*[138] geheißen hatte, und im *Entwurf eines Briefes an einen Freund, der auf der Akademie Theologie studierte*[139]. In dem aus der gleichen Zeit stammenden Brief an Salzmann über Leibniz[140] findet sich der Satz *ich bin ein Christ geworden*[141]. Der Brief, fünf Druckseiten lang, handelt vom Problem der Freiheit im Raum der kirchlichen Orthodoxie. Bei Leibniz hatte Lenz offenbar bestätigt gefunden, daß die religiöse Erfahrung tiefer sei als die rationalistische. Ähnlich äußert er sich in Briefen an Lavater. Die für Lenz so wichtige Frage des richtigen Handelns schien gelöst zu sein. Glückseligkeit und Vollkommenheit gibt es in der *Nachfolge Christi*. Daraus ergeben sich Konsequenzen, die Lenz in einem *Katechismus* von *Lebensregeln*[142] zusammenfaßte. Bis in alle Details der biologischen und sexuellen Lebensführung stellt er – ähnlich wie später Heinrich von Kleist – genaue Regeln auf. Sie halten die Mitte zwischen Askese und *evangelischer Freiheit*.

Im Jahre 1775 erschien – bei Weygand in Leipzig – Lenz' theologisches Hauptwerk *Meinungen eines Laien, den Geistlichen zugeeignet*[143] mit einem etwa gleich langen zweiten Teil unter dem Titel *Stimmen des Laien auf dem letzten theologischen Reichstage im Jahr 1773*. Das Werk dürfte zur gleichen Zeit wie die *Anmerkungen übers Theater* entstanden sein. Der Ausdruck *Laie* ist ironisch gemeint. Der *Reichstag* ist vielleicht ein Gegenstück zu den «Landtagen» der 1774 erschienenen «Gelehrtenrepublik» von Klopstock. Das Kokettieren mit dem Stand eines *Laien* soll das Abweichen von der Orthodoxie erklären oder entschuldigen. Das Werk geht auf Vorträge in der Sozietät zurück, wie die Anrede *m. H.* (meine Herren) und Anspielungen auf Lenz' Vorträge über Shakespeare beweisen. Der Stil ist enthusiastisch, *deklamatorisch*, nach dem Vorbild von Lavater und Herder. Lenz gibt sich selbstherrlich und verzichtet auf Quellenangaben und Zitate – obwohl es sich um ein gelehrtes Werk biblischer Exegese handelt.

Der einzige Theologe außer Herder, den er nennt und scheinbar tadelt, ist Johann David *Michaelis* aus Göttingen, der Begründer der historisch-kritischen Auslegung des Alten Testaments. Ohne *Michaelis* und *Herder* wäre Lenz' *Meinungen* nie zustande gekommen. Sie haben die damals unerhört modern wirkende Auffassung von der Geschichtlichkeit der Bibel und ihrer philologischen Auslegung aufgenommen. Lenz erscheint als gebildeter Theologe, der sich nicht an das Volk, sondern an die Elite der Sozietät wendet. Er beginnt mit einem Lob Herders: *Er ist ein Mann von Gott kommen!* Herders «Älteste Urkunde des Menschenge-schlechts» wird als der *richtigste Gesichtspunkt* in Sachen Bibelwissen-schaft gelobt, *da er die Bibel nicht so wohl für unmittelbare Offenbarung, als vielmehr für die Geschichte der Offenbarungen angibt*[144].

Der Grundgedanke der *Meinungen* ist die Begründung des Sittenge-setzes durch Gottes Offenbarung am Berg Sinai. Alles, was vorher ge-schah, Erschaffung der Welt, der ersten Menschen, *Paradies, Sündenfall*, die Geschichte von *Kain* und *Seth* bis zur *Sündflut* und *Noah*, wird als Geschichte heiliger Exempel des Kanons der Zehn Gebote gesehen. Das Hauptinteresse gilt der langsamen Entwicklung eines geläuterten Moral-systems, demonstriert an der *Einehe, Leviratsehe* und den *Verboten des Inzests*. Durch sie unterscheidet sich das auserwählte Volk von den Heiden.

Wie ist es zu verstehen, daß Gott mit Menschen redet? *Wir finden, daß Gott mit Noah geredet. – Die Art, wie die Gottheit sich den Propheten des alten Testaments verständlich gemacht, wagen wir nicht zu bestimmen. Paulus, in der Epistel an die Ebräer, als der beste Kommentar, den wir darüber haben können, sagt uns freilich, es sei auf verschiedene Weise geschehen, doch gibt er uns einen Wink, den wir unmöglich mit dem seligen Luther so ganz aus der Acht lassen können, er redete in den Propheten. Mich deucht die Sprache Gottes war an den Geist dieser Leute gerichtet, wiewohl vorher gewisse äußerliche Zeichen, Erscheinungen, Gesichte, sie auf eine nun nähere Offenbarung des göttlichen Willens aufmerksam gemacht haben. Sie fühlten sich in einem außerordentli-chen Zustande, alle ihre Kräfte waren gespannt, alle ihre Geister waren erhöht und von einem unaussprechlichen Wonnegefühl durchdrungen. Und dieser göttlichen Offenbarung glaubten sie, teilten sie als gewisse Wahrheit mit . . .*[145].

Die Offenbarung geschah durch Patriarchen und Propheten. Der größ-te war *Moses* und der letzte *Jesus Christus*, in dem *Gott selbst Mensch* wurde, der uns durch sein bitteres Leiden und Sterben vom Fluch der Sünde, des geistigen Todes, erlöste. Lenz' theologische Deutung bleibt im Rahmen des Christentums, entfernt sich aber vom Buchstabenglauben der damaligen Dogmatik. Es ist bezeichnend, daß hier jene biblischen Figuren Aufmerksamkeit finden, die in Lenz' Dramen als Vorbilder zwar nicht genannt, aber gemeint sind, also Dina, Thamar, Juda, Isaak, Ruth und Boas, Abraham und Sarah. Sie sind die biblischen Modelle sexueller Verstrickungen und Nöte – von Hurerei zu Kastration (Beschneidung), Weibertausch, Mehrehe – und mußten Lenz' besonderes Interesse finden. In ihnen sah er Urbilder wiederkehrender Konstellationen; als Theologen mußten ihn die Bedeutung und Überwindung der oft zweideutigen Situationen fesseln.

Die Heilige Schrift wird von Lenz als Offenbarung von *Empfindungen* und *sittlichen Entscheidungen* gedeutet, die der Mensch in sich trägt: *Die Theorie dieses Götterhauchs, den wir in uns fühlen – und weh dem, der ihn nicht fühlt! – stellen wir bei Seite, so viel wissen wir, daß diese uns belebende Kraft der edelste Teil unsers Selbst ist, daß von ihrer Bildung, Erhöhung, Erweiterung die Bildung, Erhöhung und Erweiterung unserer ganzen Glückseligkeit abhange, wer das nicht glauben will, der lasse es bleiben, die Sache redt von sich selbst, je größer die Sphäre ist, in der wir leben, desto beglückter und würdiger unser Leben, wer aber taub ist, dem wird, freilich ewig vergeblich, in die Ohren geschrien werden.*[146]

Die Berufung auf Patriarchen und Propheten, die des göttlichen Geistes voll sind, legt die Überleitung zum Genie nahe. Die *Fülle der Gottheit* spiegelt sich *in der Sphäre der menschlichen Geister* auch heute noch.[147] Erst vorprellend, dann ironisch zurücknehmend ist Lenz' These: *Laie! du bist ein großes Genie – unseliger Gedanke. Mit einem Streich waren alle Brunnen des Witzes und der Laune und der Vernunft verschlossen. Ich setze mich an den Tisch, aber ach! nicht mehr der vorige, nehme die Feder, sehe sie an – – denke an Gottscheden, sage: Laie, du bist ein kleines Genie, aber leider! auch das will nicht mehr helfen . . .*[148] Lenz wagt es kaum auszusprechen, aber der Sinn ist klar: Was in alten Zeiten die *Propheten* (und *Christus*) waren, sind in neuen Zeiten die vom Geist Gottes erfüllten *Genies*.

Außer den *Meinungen* erschienen *Philosophische Vorlesungen für empfindsame Seelen*, 1780 in Frankfurt und Leipzig. Den Druck scheinen Freunde vermittelt zu haben. Das Büchlein existiert nicht mehr. Rosanow und Blei haben es schon nicht auftreiben können. Wahrscheinlich bestand es aus Vorträgen, *Supplementen*. Einige von ihnen haben sich handschriftlich erhalten, etwa das erwähnte *Supplement zur Abhandlung vor acht Tagen* und – vielleicht – die Predigt *Über die Natur unseres Geistes*, über den Prophetenausspruch «Ich will meinen Geist ausgießen

J. M. R. Lenz. Zeichnung von Joh. Heinrich Pfenniger

über alles Fleisch.» Vom Laien.[149] Bereits 1776 waren «Flüchtige Aufsätze von Lenz» bei Füßli in Zürich erschienen, herausgegeben von Philipp Christoph Kayser, einem Schüler Lavaters. Es ist eine Sammlung von Lenzschen Vorträgen in Straßburg. Kayser gehörte zu den Schweizer Verehrern von Lenz, bei denen er 1777 Zuflucht suchte und fand.

Lenz' theologische Schriften stehen in innerem Zusammenhang mit einer Wiederaufnahme des theologischen Studiums in Straßburg, die allerdings flüchtig war und nicht zum Examen führte. Für die akademische Theologie war Lenz ein verlorener Sohn. Daß es ihm mit der Wendung zum Christentum ernst war, zeigen auch die dichterischen Entwürfe dieser Zeit. Damals entstanden *Die Algerier*[150], ein Piratendrama nach Plautus' «Captivi». Lenz modernisierte das Stück im Sinne einer Befreiung von Christensklaven aus algerischer Hand. Auch im Titel der *Catharina von Siena* klingt das religiöse Motiv an. Aus dieser Zeit stammt die Bearbeitung eines 1773 entworfenen *historischen Gemäldes Die sizilianische Vesper*[151] und schließlich die Fragment gebliebene *Komödie Die Kleinen.* Der Titel nimmt ein Wort Jesu auf: «Sehet zu, daß ihr nicht jemand von diesen Kleinen verachtet» (Matth. 18, 10). Das Thema der feindlichen Brüder wird christlich begriffen. Die Herren *Bismarck* (sic!) wollen sich nicht in die Quere kommen; deshalb wird einer von ihnen *Einsiedler* und findet einen Gefährten, der sich – ein zweiter *Prinz Tandi* – auf die Suche nach *wahren Menschen,* und zwar *den Kleinen,* begibt: *Das ist mein Zweck, die unberühmten Tugenden zu studieren, die jedermann mit Füßen tritt. Lebt wohl große Männer, Genies, Ideale! Euren hohen Flug mach ich nicht mit . . . Willkommen ihr lieben Kleinen! Kommt an meine Brust, hier ist mein Herz, das euch tragen kann.*[152]

In den Szenen mit Bauern, Dienstmädchen, Handwerkern und schlichten Wirtsleuten spricht sich nicht nur eine demokratische Tendenz aus. In einem Entwurf zur Fortsetzung heißt es in einem etwas wirren Stil: *Ein Mensch, der immer Sachen übernimmt, die ihn unglücklich machen . . . und nicht nach Klugheit und Vernunft und gerechter Selbstliebe handeln* (will), *sondern blindlings an Gott zu glauben, auch wenn er ihn in Versuchung führt wie Ahas* (Jes. 7, 11) *und weil er in dem Wahn steht, es schwebe ein besonderes Gericht Gottes über ihn und büße er damit alte Sünden ab (die doch längst durch Jesum vergeben sind), der sich immer für einen Gerichteten hält, ohne daß er's ist. Denn oft macht langwieriges Unglück am Ende ungläubig an das Glück.*[153]

Ähnliche Töne hatte Lenz 1774 in dem Bekenntnisgedicht *Die Demut* angeschlagen. Hochmut habe ihn zugrunde gerichtet, christliche Demut soll ihn retten. Das Gedicht nimmt Töne vorweg, die erst in der christlichen Romantik, bei Clemens Brentano, wiedererscheinen:

Philipp Christoph Kayser.
Kupferstich nach einer Zeichnung von H. J. Lips

Ich flog empor wie die Rakete,
Verschlossen und vermacht, die Bande
Zerreißt und schnell, sobald der Funken
Sie angerührt, gen Himmel steigt . . .

Hier häng ich itzt aus Dunst und Wolken
Nach dir, furchtbare Tiefe, nieder –
Gibt's Engel hier? O komm, mein Engel
Und rette mich!

Er vergleicht sich mit einem *gerösteten Laurentius* und ist nur noch *ein Gerippe*. Die Vereinigung mit der paradiesischen Natur lehrt ihn die Ruhe:

> *Horch! hier singen Nachtigallen,*
> *Auch Geschöpfe wie du, und besser,*
> *Denn ein Gott hat sie singen gelehrt,*
> *Und sie dachten doch nicht daran, ob sie*
> *Besser sängen als andere.*[154]

Der Schluß des langen Gedichts verweist auf *Jesus*, der hier *auf der Erde von seinen Gottestaten geruht* habe. Die Verherrlichung Christi wird in der *Hymne* fortgesetzt:

> *Auch auf dem Hügel, wo ich stehe,*
> *Standst du, und Gott auf welcher Höhe*
> *Littst du für das, was ich von dir*
> *Erhielt . . .*[155]

Lenz' qualvolle Melancholie sucht den religiösen Ausweg. Er hat Todesahnungen. Sie finden sich in vielen Briefen und Gedichten. Die Spannung und Anspannung des Geistes drückt sich Anfang 1776 in einem Brief an Herder aus: *Ich arbeite jetzt in mancherlei Strömen wider den Strom. Habe Licht und Hoffnung im Herzen, die durch Deine Offenbarung* (gemeint sind Herders theologische Schriften) *auf Ewigkeiten hinaus gemehrt werden. Ist Dir das nicht angenehm? Ein Schaf ist dem Hirten auch lieb, wenn er gleich noch neunundneunzig in der Wüsten hat. – Doch hab ich einen großen alten Drachen in mir, mit dem ich noch viel zu ringen haben werde. Er soll immer hinunter. Ich hoffe, ich glaube, ich lebe. Komm bald, Herr Jesu!*[156] Ähnliche Appelle richtete Lenz an Sophie de La Roche, den Arzt Zimmermann und Boie in Hannover, an Lavater und Merck. Zu dieser Stimmung oder aus ihr kommen Verfolgungswahn, Todesahnungen, Geheimniskrämerei und das Unglück eingebildeter und unerwiderter Liebe zu Frauen.

Lenz war in Straßburg im Kreis der Freunde als Autor anerkannt, aber er war *arm wie ein Bettler*. Neben den literarischen Arbeiten mußte er sich auf das Stundengeben konzentrieren. Im Herbst 1775 war unter Lenz' Beteiligung eine neue literarische Gesellschaft gegründet worden. Die alte Sozietät drohte zu verkümmern; anscheinend hatte es Streitigkeiten unter den Mitgliedern gegeben. Die neue Gesellschaft nannte sich «Deutsche Gesellschaft in Straßburg» und war eine *Gesellschaft junger gelehrter Freunde*. Gelegentlich taucht die Bezeichnung «Gesellschaft deutscher Sprache» auf. Die Gründungsversammlung fand im Salzmannschen Hause statt, und Lenz, als Sekretär bezeichnet, hielt eine Vorlesung über eine aus den Dialekten genährte kräftige *deutsche* Literatur-*Sprache*. In dieser Gesellschaft spielte Lenz bis zu seiner Abreise nach Weimar, im März 1777, eine führende Rolle. Man wollte nicht nur deutsche Sprache, Kultur und Geschichte fördern. Zum Programm der Gesellschaft gehörte auch die Beschäftigung mit der englischen Literatur. Man las Shakespeare, Fielding, Swift, Sterne, Young und Goldsmith als Gegengewicht zur allmächtigen französischen Literatur. In diesen Zusammenhang gehören Lenz' *Coriolan*, der Vortrag über die *Veränderungen des Theaters im Shakespeare* und seine Übersetzungen aus Ossian.

Die Wendung zum Englischen ist der *Komödie Die Freunde machen den Philosophen* und der *dramatischen Phantasei Der Engländer* zu entnehmen. Den Inhalt bilden die Verstrickungen jugendlicher Herren in die Liebesnetze südlicher Schönen und die Verweigerung der Rückkehr des verlorenen Sohns in das Vaterhaus. In *Die Freunde machen den Philosophen* klagt *Strephon*-Lenz, ein *junger Deutscher, reisend aus philosophischen Absichten: Sie haben mich abgeritten wie ein Kurierpferd. Ich bringe den Meinigen ein Skelett nach Hause, dem nicht einmal die Kraft übrig gelassen ist, sich über seine entstandenen Mühseligkeiten zu beklagen.*[157] Die Freunde vernachlässigen ihn, die Gläubiger werfen ihn ins Gefängnis und ein *Edelmann*, der *nicht lesen noch schreiben kann*, ist sein einziger Freund. *Strephon*, der den Lenzschen Vornamen *Reinhold* trägt, gibt als Grund für die Verweigerung der Heimkehr an: *Mein Stolz – meine Freiheit!* Er sagt von seiner Heimat: *Das stille Land der Toten ist mir so fürchterlich und öde nicht als mein Vaterland.*[158] Wie soll Lenz sich losreißen können vom schönen warmen Elsaß, dem regen geistigen Leben und den verführerischen Frauen?

Einem ähnlichen Konflikt unterliegt *Der junge Engländer* in Italien. Er will sich nicht aus den Armen seiner Geliebten reißen lassen und stößt sich eine Schere in die Gurgel. Als er stirbt und der Vater den Beichtvater ruft, weigert er sich, sein *Herz der Ewigkeit zuzuwenden.* Er drückt das Bild der Geliebten ans Herz und *röchelt: Armida! Armida! – Behaltet euren Himmel für euch* und stirbt.[159] Das Stück wird eine *dramatische Phantasei* genannt und ist thematisch eine Variante des vorigen. Auffallend ist der pathologische Charakter des Helden, der von der Liebe wie besessen erscheint.[160]

Lenz hat beide Stücke offenbar schnell heruntergeschrieben. Das kam dem glatten Verlauf und der Bündigkeit der Handlung zugute. Es sind Gelegenheitsdramen, in denen Lenz sein eigenes Problem darstellte. Aber auch von außen herangetragene Motive wußte er rasch in dramatische Aktionen umzusetzen. Im Dezember 1775 las er seinen Freunden die drei Akte *Die beiden Alten* vor. Im Vorwort teilte er die Begebenheit mit, die sich im Languedoc zugetragen hatte: Ein Sohn hatte seinen Vater in den Keller gesperrt und für tot ausgegeben, um in den Besitz der Güter zu gelangen. Zufällig wird das Gefängnis entdeckt, der Alte wird befreit. Der französische Schriftsteller Louis-Sébastien Mercier hatte den Stoff dramatisch behandelt. Vermutlich hat Lenz ihn als Vorlage benützt. Es ist Lenz' erstes Drama, in dem nur tragisch-pathetische und keine komischen Figuren auftreten. Das Motiv hat Schiller in den «Räubern» aufgegriffen. In der Vorrede zu den «Räubern» geht Schiller auf Lenz' *Anmerkungen übers Theater* ein, und den eingesperrten Greis findet man in der fünften Szene des vierten Akts der «Räuber» wieder.

Auch das Thema der verfeindeten Brüder stammte aus der gleichen Quelle. Christian Friedrich Daniel Schubart hatte es anekdotisch erzählt und alle «Genies» aufgefordert, den Stoff für einen Roman oder eine Komödie zu benützen. Dadurch angeregt schrieb Lenz sein Komödienfragment *Der tugendhafte Taugenichts* (frühestens im Herbst 1775). Da Schubart die Bedingung gestellt hatte, die Szene müsse «auf teutschem Grund und Boden» spielen, verlegte Lenz sie nach Schlesien. Schubarts Anekdote ihrerseits ging zurück auf Fieldings «Tom Jones». Da Lenz ein alter Fielding-Leser und -Verehrer war, konnte er bei der Charakterisierung des bösen und des guten Sohnes – *Just* und *David* – auf das Original zurückgreifen. *David* wird durch eine Intrige *Justs* aus dem Vaterhaus verdrängt und geht unter die Soldaten.

In den komischen Szenen ist Lenz auf der Höhe seiner Kunst. Glänzend sind die Szenen mit der in Italien ausgebildeten *Sängerin*, in die sich *David* verliebt. Umwerfend komisch ist die Verlobung der *Sängerin* mit einem *Virtuosen*, die *David* vorgespielt werden soll, aber nicht *David*, sondern der in Davids Bett schlafende Diener ist Opfer der Posse. In einer zweiten Bearbeitung kommt sogar ein Harem vor, den sich der Gutsbesitzer aus Bauernmädchen gebildet hat; sie müssen als *Schauspielerinnen*, *Tänzerinnen* und *Musikantinnen* auftreten. Vermutlich griff Lenz hier

Schiller liest seinen Freunden aus den «Räubern» vor.
Getönte Rötelzeichnung von Victor Heideloff

auf Erinnerungen an Praktiken der russischen Gutsherren mit ihren Leibeigenen zurück.

Leider kam das Stück nicht über den Anfang des vierten Akts hinweg. Es wäre Lenz' beste Komödie geworden, da die Handlung geschlossen ist, die Figuren unvergleichlich scharf gezeichnet sind und Lenz auf alle Ausflüge dramaturgischer *Phantasei* verzichtet. Die pädagogischen und kulturkritischen Thesen werden mit den Figuren verschmolzen. Ein

Christian Friedrich Daniel Schubart.
Gemälde von Aug. Friedr. Oelenhainz

Bedienter bringt dem wegen Podagra in Kissen eingewickelten Vater Leypold eine Tasse Schokolade:

Leypold (winkt mit der Hand): Bringt sie weg – bringe sie weg – mein Lebtag, ich will keine mehr trinken!
Bedienter: Es ist keine Vanille drin.
Leypold: Einfältiger Hund – (wirft das Buch auf den Tisch) es ist um des Schweißes der Wilden willen, der drauf liegt.
Bedienter (steht ganz versteinert).
Leypold: Verstehst du das nicht? Sieh hier (das Buch aufnehmend), komm hieher –. Guck her! Blitz Wetter, will Er herkommen!? (Bedienter nähert sich ihm, er faßt ihn an die Hand und zieht ihn auf

einen Stuhl, der neben dem seinigen steht.) Sieh dies Kupfer, es ist aus der Voyage de l'Isle de France. Seht, ihr Kanaillen, wenn ihr euch über unsere Launen beschwert: Seht diese Negers an! Hat unser Herr Christus mehr leiden können als sie, und das, damit wir unsern Gaumen kitzeln? – Ihr sollt mir mein Lebtag keine Schokolate mehr machen, auch kein Gewürz auf die Speisen tun, sagt dem Koch!

Bedienter: Der Medikus hat Ihnen aber doch selbst die Schokolate erlaubt!

Leypold (ganz außer sich): Einfältiger Hund! (Sieht sich nach etwas um.) Wenn ich doch was Unschädliches finden könnte, Ihm an den Kopf zu werfen! – Der Medikus! Der Medikus! Ich tu's um meines Gewissens willen, Lumpengesindel, nicht um den Medikus – um meines verlornen Sohns willen, durch den mich Gott zur Erkenntnis bringt! Wer bin ich, daß andere Leute um meinetwillen Blut schwitzen sollen . . . Komm her, Mensch! Setz dich an den Tisch und trink mir deine Schokolate selber aus! Du hast sie gemacht; sie gehört dir, und wenn ich dich worin beleidigt habe oder dir was Ungebührliches befohlen – (Faßt ihn rührend bei der Hand und zieht die Mütze ab.) Kannst du mir verzeihen, Peter?

Bedienter (küßt ihm die Hand): Gnädiger Herr – (geht weinend ab mit der Schokolate.) [161]

Hier sind die Lenzschen Motive auf engstem Raum beisammen: der verlorene Sohn, das soziale Problem, der Protest gegen die Mißachtung der *Wilden,* die religiöse Besinnung und die Verbindung des Komischen mit dem Tragischen in der Nichtigkeit des Anlasses mit der Tiefe der Erregung. Der ältere Sohn, *David,* ist von Lenz zu seinem Ebenbild gemacht worden. Er ist ein Unglücklicher, der die hohen Erwartungen des Vaters nicht erfüllen kann, unglücklich liebt, seine militärische Karriere scheitern sieht und obendrein körperliche Minderwertigkeitsgefühle hat. Lenz hat das unfertige Stück nach Weimar mitgenommen und wollte Goethe anscheinend auffordern [162], es zu Ende zu schreiben – ein Versuch, die brüderliche Symbiose wiederaufzunehmen, der auch im *Tagebuch* bezeugt wird.

Lenz hat dieses *Tagebuch* 1775 für Goethe geschrieben. Es enthält die Geschichte seiner Beziehungen zu Susanne Cleophe Fibich, der von Friedrich Georg von Kleist in Straßburg zurückgelassenen Verlobten. *Ich muß dir, lieber Goethe, zum Verständnis dessen, was du lesen wirst, einige Nachrichten voranschicken. Ich habe das Tagebuch unter den Augen meines bittersten Feindes* (des hier als Rivalen um die Liebe Susannes dargestellten F. G. von Kleist) *und von dem ich abhing geschrieben . . . Scipio* (Kleist), *mit dem ich eine Reise durch Deutschland gemacht, hatte in X.* (Straßburg) *eine Geliebte* (Susanne), *von der er sich ein paarmal auf vier bis sechs Monate* (nach Fort Louis und Landau) *entfernen müssen. In dieser Zeit bestellte ich seine Briefe an sie und ihre an ihn, ohne daß ich es nötig gehabt.*[163]

Goethe hat behauptet, Lenz habe sich nur verliebt gestellt oder sich vorsätzlich in Susanne verliebt. Johannes Froitzheim hat in seinen Untersuchungen nachweisen können[164], daß Lenz dem abgereisten Freund die Braut zu erhalten gesucht habe. Bei dieser Gelegenheit habe er sich freilich verliebt und scheine der Juwelierstochter einen Heiratsantrag gemacht zu haben. Diese Liebe, sagt Lenz gelegentlich, habe ihn *anderthalb Jahre* gefesselt. Von ihr handeln das *Tagebuch* und *Zerbin oder die neuere Philosophie, eine Erzählung*[165], die Ende 1775 entstand.

Zerbin, ein junger Herr aus *Berlin,* entschließt sich, um den *Kunstgriffen des Vaters,* eines wucherischen Bankiers, zu entkommen, aus *Gradheit des Herzens* nach *Leipzig* zu gehen und bei *Gellert* Moral zu studieren. Gellert verschafft ihm eine Stellung als Gesellschafter eines Grafen. *Zerbin* strebt nach einem akademischen Amt und disputiert *eine sehr wohl ausgearbeitete gelehrte Abhandlung von der Unmöglichkeit, die Quadratur des Zirkels zu finden und erhielt dadurch die Erlaubnis, als Magister der Mathemantik, ein Privatkollegium über die doppelte Baukunst und ein anderes über die Algebra zu lesen, von der er ein großer Liebhaber war.*[166] Mit der *doppelten Baukunst* ist die Zivil- und Kriegsbaukunst gemeint. Durch sie kommt *Zerbin* mit Offizieren in Verbindung. In deren Gesellschaft lernt er *Renate* kennen, die ihr Leben seit ihrem vierzehnten Jahr *in einem ewigen Dakapo unbedeutender Eroberungen* vertan hat. Aber *unser unerfahrener Zerbin war das erste Schlachtopfer dieses weiblichen Alexandergeistes*[167]. *Die Wunde war geschlagen, er blutete – und niemand hatte Mitleiden mit ihm.*[168]

Wahrscheinlich ist *Zerbin* jener *Roman,* von dem Lenz im *Tagebuch* vom Sommer 1775 Goethe erzählte in der Hoffnung, Goethe werde ihn dichterisch benützen. Das *Tagebuch* zeigt nervöse und krankhafte Züge des Schreibers. Hier werden Unterhaltungen wiedergegeben, wie sie Lenz mit den Brüdern von Kleist geführt haben mag. Das Thema steht den *Soldatenehen* nahe: *Wir redten vom König von Preußen, und da kam ich auf die Bordelle in Berlin und die Antwort, so er* (Friedrich II. von Preußen) *den Pfaffen gegeben, die ihm darüber Vorstellungen getan: «Wollt ihr eure Weiber und Töchter hergeben?» Ich malte ihm lebhaft vor die Unordnungen, die junge Freigeister in Familien anrichten könnten und rührte ihn, daß ihm die Augen wässerten . . . Ich glitschte nicht ab vom Thema, dem Frauenzimmer, und freute mich, daß er dem Gespräch nicht allein Stand hielt, sondern es auch fortsetzte. Redten von der Tugend der Frauenzimmer und wie unentbehrlich sie allen übrigen*

Goethe. Ölminiatur von Johann Daniel Bayer, 1793

Reizen sei. Er meinte, wenn eine Frau einen Mann hätte, der sie nicht befriedigen könnte, wär es ihr keine Sünde, einen andern zu halten, nur daß es niemand erführe. Ich sagte: So würden Sie einen guten französischen Ehemann abgeben.[169]

Lenz' Auffassung von der Liebe verträgt sich nicht mit Leichtfertigkeit. Es ist unvermeidlich, daß *der Edle* Enttäuschungen erlebt. In der gestelzten Sprache des *Zerbin* sagt Lenz: *Zerbin verzagte nun an sich und an der Möglichkeit geliebt zu werden, das gewöhnliche Schicksal der edelsten Seelen, die ihr Unglück nicht zufälligen Umständen, sondern ihrer eigenen Unwürdigkeit zuzuschreiben geneigt sind. Der Geck weiß sich aus einer solchen Verschiebung sehr geschwind herauszufinden, bei*

97

Henriette Waldner von Freundstein, Baronin von Oberkirch

dem edlen Mann aber frißt sie wie ein Wurm an der inneren Harmonie seiner Kräfte. Alle seine langgehegten und gewarteten Vorstellungen, Empfindungen und Entwürfe liegen nun auf einmal, wie auf der Folter ausgespannt, verzerrt und zerrissen da; der ganze Mensch ist seiner Vernichtung im Angesicht.[170]

Erst in der *Moralischen Bekehrung eines Poeten, von ihm selbst aufgeschrieben*[171] löst sich die Beziehung zu Susanne unter dem Eindruck einer neuen und abermals hoffnungslosen Liebe. Ihr Gegenstand war Cornelia Schlosser, Goethes Schwester in Emmendingen, die er im April und Mai 1775 besucht hatte. Aber bevor Lenz Straßburg verließ, entbrannte er noch dort in einer Wunschtraumliebe zu einer Dame, die er nie gesehen hatte und nur aus Briefen an Dritte kannte: Henriette Waldner, eine reiche Erbin aus dem Elsaß. Sie wurde Gegenstand mehrerer Dichtungen. In den Fragmenten der *Laube* erscheint sie unter dem Namen einer *Henriette von Waldeck*, Lenz selbst erscheint als ihr *verarmter Vetter*, und unter dem Namen *Rothe* tritt kein anderer als Freund Goethe auf. Ähnlich ist die Konstellation in dem Fragment *Der Waldbruder*, einem Briefroman frei nach «Werthers Leiden»: Lenz hatte Goethes Roman in seinen *Briefen über die Moralität des jungen Werther* enthusiastisch verteidigt.

Erst im Jahre 1870 wurde ein Gedicht bekannt, das Goethe seinem Freund Lenz beim Abschied 1775 ins Stammbuch geschrieben hatte:

> Zur Erinnrung guter Stunden,
> Aller Freuden, aller Wunden,
> Aller Sorgen, aller Schmerzen
> In zwei tollen Dichterherzen –
> Noch im letzten Augenblick
> Lass' ich Lenzchen dies zurück.

ZUFLUCHT IN WEIMAR

Im März 1776 brach Lenz von Straßburg auf. Er war 25 Jahre alt. Armut, Enttäuschungen und Verfolgungswahn trieben ihn fort. Er wollte nach Weimar, wo Goethe, sein *Bruder*, soeben sein Glück zu machen begonnen hatte. Den Herzog von Sachsen-Weimar hatte Lenz auf der Durchreise in Straßburg flüchtig kennengelernt und hoffte, er werde ihn wie Wieland, Goethe und Friedrich Leopold von Stolberg am *Musenhof*, dem *deutschen Athen*, aufnehmen. Eine Voraussetzung dafür war freilich die Beilegung der Polemik gegen Wieland. Deshalb hatte sich Lenz mit allen Mitteln und schließlich mit Erfolg bemüht, Druck und Verbreitung seiner antiwielandschen *Komödie* in aristophanischem Stil, *Die Wolken*, zu hintertreiben. In Weimar hoffte Lenz auf Goethes Fürsprache und Schutz.

Der Weg führte über Mannheim. Hier sah Lenz im Antikenmuseum die Abgüsse klassischer Kunstwerke. Ihre Betrachtung mußte eine im vergangenen Winter geplante, aber gescheiterte Kunstreise nach Italien

Das Schloß in Weimar

ersetzen. Begeistert schrieb er an Goethe: *Als ich den Antikensaal in Mannheim sah, Bruder Goethe, überfiel mich Dein Geist, der Geist alles Deines Tuns und aller Deiner Schöpfungen mit einem Entzücken, dem sich nichts vergleichen läßt. Ich sah Dich an meiner Seite stehn. Ich sah, wie sich Dein Blick an den Zähren letzte, die ich vor Laokoon vergoß, wie alle die himmlische Begeisterung dieser Gestalten, denen ich – o wie gern – die Ehre der Anbetung erwiesen hätte, auch Dein Herz zu höherer Freundschaft für mich emporhub, da ich ihrer nun würdiger war. Ach, wer sollte den Gott in diesen Bildern nicht anbeten? Wer sollte das Herz haben, das Idolatrie zu nennen? – Nur Du auf der Rechten und sie, die Hoffnung meiner letzten Seligkeit* (Henriette Waldner) *an meinem Herzen fehlen mir noch, um nun wirklich das erste Mal die Freuden des ewigen Lebens zu fühlen.*[172]

In Darmstadt blieb Lenz einige Tage bei Merck, der ihn eingeladen hatte. Mit Merck fuhr er im Wagen bis Frankfurt. Drei Stunden vor der

Stadt kamen ihnen zwei Freunde hoch zu Pferde entgegen, Friedrich Maximilian Klinger und dessen Freund Ernst Schleiermacher aus Darmstadt. Sie trugen blaue Fräcke à la Werther, gelbe Westen und weiße Hüte mit gelben Borten. In diesem Aufzug ritten sie vor dem Wagen her in die Stadt. Die Frankfurter blieben auf den Straßen stehen und bestaunten den Aufzug der jungen Genies.[173] Auch mit Heinrich Leopold Wagner kamen sie zusammen. Lenz fand freundliche Aufnahme bei Goethes Eltern und erholte sich ein paar Tage. Am 4. April 1776 erreichte er Weimar, nahm Quartier in der «Post» und besuchte sofort Goethe, der ihn freundlich willkommen hieß. Noch am gleichen Tag sandte Lenz ein scherzhaftes Gedicht an den Herzog:

> *Ein Kranich lahm, zugleich Poet,*
> *Auf einem Bein Erlaubnis fleht,*
> *Sein Häuptlein, dem der Witz geronnen,*
> *An Eurer Durchlaucht aufzusonnen.*
> *Es kämen doch von Erd und Meer*
> *Itzt überall Zugvögel her.*
> *Auch woll' er keiner Seele schaden*
> *Und bäte sich nur aus zu Gnaden,*
> *Ihn nicht in das Geschütz zu laden.*[174]

Am folgenden Tag, dem Karfreitag, stellte Goethe seinen *Bruder* der Frau von Stein und dem Herzog vor. Am gleichen Tag schrieb Lenz *in seinen* (Goethes) *Armen, in seinem Schoß*, einen überglücklichen Brief an die Mutter in Livland, sie solle den Vater bitten, er möge am Sonntag vor der ganzen Familie auf *meines Bruders Goethe Gesundheit trinken,* dann auf die von Goethes *Mutter, seiner Schwester*, Cornelia, *seines Vaters und dann meine. Die Rangordnung hat ihre Ursache. Ich werde Papäen schreiben.*[175]

Lenz machte einen Antrittsbesuch bei Wieland und war begeistert von dem freundlichen alten Herrn. Er wurde in Weimar herumgereicht und schien selig zu sein. Allerdings erregte die Hochzeit Fräulein Waldners mit einem Baron Oberkirch ihn heftig. Lenz betäubte sich im Trubel des Weimarer Hoflebens und schrieb an Maler Müller: *Ich bin so verschlungen in die wahren, wesentlichen, gewiß noch unvergleichbaren Annehmlichkeiten dieses Hofes, daß ich meinen Freunden nichts anders als – aufs höchste – Gedanken widmen kann.*[176] Klinger hatte nicht Unrecht mit seinen Vermutungen, als er an Lenz schrieb: «Liederlicher Teufel! Entweder Du liegst an Zaubrer Göthes Busen sinnlos in süßen Phantaseien verwickelt und verstrickt – denkst im Wiegen und Liegen und Vergnügen aller Welt Freunde zum Guckguck hin – oder eine listige Hexe mit

Friedrich Maximilian Klinger.
Kreidezeichnung von Goethe

schwarzen dämmernden Augen und einem erwärmenden seligen Madonna-Blick – dafür sie Gott segnen wolle – hält meinen losen Flatterer irgendwo gefangen.»[177]

Den eigentlichen Zweck seiner Reise nach Weimar hielt Lenz mit der Schläue des Psychopathen geheim. Herder gegenüber ließ er durchblikken, daß er an einem *vaterländischen Unternehmen* arbeite. Damit meinte er die Übertragung der *Soldatenehen* ins Französische, so daß der König von Frankreich sie lesen könne. Herder hatte Lenz in vielen Fällen geholfen. Er wartete in Bückeburg auf die Berufung nach Weimar. Lenz' geheime Wünsche gingen weiter: Er hoffte, den Herzog, dessen Armee 666 Mann stark war, für seine militärpolitischen Projekte zu gewinnen und auf eine Offiziersstelle. Nur so läßt sich erklären, daß er andere Stellungen, die man ihm anbot, ablehnte. Jeden Tag nahm er als Zuschauer am Exerzieren der Weimarer Kompanie teil. Seine Militärbegeisterung·nahm absonderliche Züge an.

Im Juni änderte sich der Ton der Briefe. Lenz mußte begreifen, daß der Herzog ihm keine Uniform anmessen lassen wollte. Das Hofleben enttäuschte ihn, zumal eine Grenze zwischen den «Hohen Herrschaften», wie Goethe sie nannte, und den Schriftstellern unüberschreitbar blieb. Lenz begriff das nicht. Er spielte das Genie. Uneingeladen erschien er auf Bällen, schrieb witzige Gedichte und las sie vor. Als er eine Hofdame, der er nicht offiziell vorgestellt war, zum Tanz aufforderte, mußte ihm der Herzog – innerlich lachend – einen Verweis erteilen. Goethe schrieb an Frau von Stein, Lenz' Auftreten hätte ein «Lachfieber» hervorgerufen.

Aus Straßburg hatte Lenz seine Schrift über *Unsere Ehe* mitgebracht. Der Titel ist eine biblische Metapher (Ich will mich mit dir verloben in Ewigkeit. Hos. 2, 21–22) der Verbindung zwischen Gott (Goethe) und seinem Propheten (Lenz), zugleich ein Wortspiel der Adjektive «göttlich» und «goethlich» – Goethe war ja der Abgott der Freunde in Straßburg gewesen, und vor allem Lenz hatte sich nicht genugtun können, Goethe als Gott und göttlich zu huldigen. Die bedeutendsten Zeugnisse sind das *Pandaemonium Germanicum* und *Tantalus*.

Goethe sah das Verhältnis jetzt anders; sein Verhalten zeigt es. Er hatte sich innerlich von den Genialen in Straßburg entfernt. Auch er hatte ein Drama über eine Doppelehe geschrieben, «Stella», aber er war weit davon entfernt, sittliche Libertinagen zu verteidigen und wäre nie auf die Idee gekommen, eine Entmannung wörtlich zu nehmen wie Lenz' *Hofmeister*. So sagte er nicht nein, als Lenz sich entschloß, dem Hof den Rücken zu kehren und aufs Land zu ziehen, nach dem stillen Berka im Thüringer Wald. Wie alle Entschlüsse Lenz' wurde auch dieser jäh gefaßt. Er schrieb nur eine Zeile an Goethe: *Ich geh aufs Land, weil ich bei Euch nichts tun kann.*[178] Goethe antwortete noch kürzer: «Lenz, du dauerst mich.»[179]

So wie er Straßburg verlassen hatte, verließ Lenz auch Weimar, von heute auf morgen, ohne Gepäck, ohne Geld und mit Schulden im Gasthof, die der Herzog bezahlte. Goethe sandte ihm durch seinen Diener alles nach, was er wünschte, von Kamm und Rasiermesser bis zum Manuskript der *Catharina von Siena*. Er versorgte ihn mit Papier, Wäsche, Wein und Büchern. Auch mit Geld half er stillschweigend aus.[180]

Die Stille Berkas tat Lenz gut. Er konnte seiner von Wieland bemerkten «Schreibwut» freien Lauf lassen. Damals entstanden *Der Waldbruder*, das kleine Drama *Henriette von Waldeck oder Die Laube*, eine neue Fassung der *Catharina* und *Tantalus, ein Dramolett auf dem Olymp*. Goethe bemerkte dazu in seinem Tagebuch: «Er hat Sublimiora gefertigt.» Sonderbar hellsichtig hat sich Lenz im *Tantalus* dargestellt. Es ist ein Götterdramolett. *Zeus* ist der Herzog, *Apoll* ist Goethe, Wieland heißt *Merkur* und *Juno* ist die Herzogin. *Tantalus* ist Lenz; er leidet

Christoph Martin Wieland.
Gemälde von F. Jagemann, 1806

Qualen, weil sich die Götter über ihn lustig machen. Die Scherze der *Juno* nimmt er für bare Münze, mit *Zeus* sucht er zum Entsetzen des Olymps anzustoßen. Genauer war Lenz' schiefe Stellung am Weimarer Hof nicht zu erfassen.

Der Waldbruder besteht aus *Briefen* zwischen *Rothe* und *Herz. Rothe* ist Goethe, *Herz* ist Lenz. Vordergründig begeistert sich Herz an der freien Natur des Waldes. Die alten Rousseauschen Gedanken von der Freiheit der Natur kehren wieder als Kritik an der verdorbenen Zivilisation: *Wenn ich denn einmal heruntergehe und den engen Kreis von Ideen, in dem die Adamskinder so ganz existieren, die einfachen und ewig einförmigen Geschäfte und die Gewißheit und Sicherheit ihrer Freuden übersehe, so wird mir das Herz so enge, und ich möchte die*

Stunde verwünschen, da ich nicht (als) *ein Bauer geboren bin . . .*[181]

Der Weltverzicht des *Waldbruders* ist radikal, er spielt mit dem Gedanken, *abzusterben für die Welt, die mich so wenig kannte.* Der lebenskluge *Rothe* (Goethe) hält ihm vor: *Herz, bist du nicht ein Narr, und zwar einer von den gefährlichen, die, wie Shakespeare sagt, für ihre Narrheit immer eine Entschuldigung wissen und folglich unheilbar sind?*[182] Der Roman endet mit der Entdeckung, daß der Einsiedler der uneheliche Sproß einer Herrscherin ist, *welche die halbe Welt regiert:* Katharinas der Großen. So triumphierte Lenz' *Phantasei* über die hoffnungslose Liebe zu Henriette Waldner. Das Manuskript ging in Goethes Besitz über, der es von Schiller, 1797 in den «Horen», drucken ließ als Arbeit «von dem verstorbenen Dichter Lenz».

Auf Goethe mußte Lenz' Auftritt in Weimar wie ein Hohn auf die Ideen des Humanismus wirken. Lenz' Vorliebe für die *Kleinen,* die einfachen Leute, die triebhaften Naturen und Gefangenen ihrer Milieus, blieb Goethe unverständlich, je mehr er sich zum Hof- und Weltmann entwickelte. Lenz muß es gemerkt haben und versuchte seinerseits vorzustoßen in die Welt der Großen.

Das Thema der *Catharina von Siena* ist die Liebe einer *großen starken Seele*[183]. Das Stück wird einmal als *Künstler-,* dann als *religiöses Schauspiel* bezeichnet. Der *Vater* wünscht, daß *Catharina* den reichen *Trufalo* heiratet. Sie liebt aber den *Maler Correggio,* der seinerseits die Kunst als seine *einzige Geliebte* bezeichnet: Darum widmet *Catharina* ihre Liebe dem *himmlischen Bräutigam Jesus.* Die Bruchstücke sind in Versen geschrieben. *Catharina* flüchtet aus der lauten Welt in die Einsamkeit der Wälder, Höhlen und verlassenen Bergwerke:

Catharina (in der Höhle mit der Geißel, beide Schultern entblößt, kniet
    und geißelt sich eine Weile stumm):
    Wenn die schöne edle Mannsgestalt – (geißelt sich)
    Fließ, mein Blut! Tilge die Gedanken!
    Das hohe Auge (sich geißelnd), ach, den süßen Mund!
    Ach, ich erliege – Jesus, Jesus, hilf mir!
    (Sinkt ohnmächtig nieder, erholt sich.)
    Mein Vater, meine Freundin, mein Correggio!
    Ist dieses Herz ganz elend? Alles, was ihm wert war
    Fort? Kein Schatten – (zieht ihr Kruzifix vor) – Jesus, ach, ich kann
    dich
    Nicht mehr mit Liebe sehn – du nahmst mir alles.
    O, ich Elende!
    (Sinkt abermals hin, das Kruzifix auf ihre Lippen geheftet.)

Abendgesellschaft bei der Herzogin Anna Amalia.
Aquarell von Georg Melchior Kraus, um 1795

Hirtinnen treten als *Catharinas* Rivalinnen auf. Die Exaltation hat nicht mehr pathologisch-religiösen Charakter, sondern den der Eifersucht. Das religiöse Motiv geht in schwüler Phantasie unter. Die vier Bearbeitungen des Schauspiels unterscheiden sich so sehr voneinander, daß nur mit Mühe festzustellen ist, was Lenz wirklich vorschwebte.[184]

Zu Goethes Verdruß hatte Frau von Stein an Lenz Gefallen gefunden und ihn im September 1776 zu sich nach Kochberg eingeladen. Sie wollte englischen Unterricht bei ihm nehmen. Goethe quittierte die Nachricht in seinem Tagebuch mit dem Satz: «Reine Trauer des Lebens». Voll Mißtrauen sah er, wie sie «das kleine Ungeheuer» an sich zog. Lenz scheint sofort in Flammen gestanden zu haben. An Goethe schrieb er den taktlosen Satz: *Mit dem Englischen gehts vortrefflich. Die Frau von Stein findet meine Methode besser als die deinige.*[185] Fünf Wochen lang lasen Lenz und Frau von Stein Shakespeare in der Ursprache. In Kochberg machte Lenz endlich die persönliche Bekanntschaft des nach Weimar berufenen Herder. Bei Gelegenheit dieses Besuchs fiel der Herzog von einem Floß in den Wassergraben und Lenz konnte ihm helfen, aufs Trockene zu kommen. Der Vorfall gab seiner Hoffnung auf eine Offiziersstelle in Weimars Armee neue Hoffnungen. *Vielleicht sehen Sie mich einmal in herzoglich-sächsischer Uniform wieder*[186], schrieb er an Salzmann in Straßburg.

Lenz kam zurück nach Weimar. Das alte Verhältnis zu Goethe ließ sich nicht wieder herstellen. Auch die Freundschaft mit Klinger löste sich auf. Am 26. November 1776 notierte Goethe «Lenzens Eselei». Was darunter zu verstehen ist, hat man trotz sorgfältiger Nachforschungen nicht herausbekommen können. Goethe muß tief verletzt worden sein. Vermutlich hat Lenz, in einem allzu witzigen Spottgedicht, Anspielungen auf Goethes Verhältnis zu Frau von Stein gemacht. Goethe ließ beim Herzog die sofortige Ausweisung verfügen. Lenz suchte sich zu rechtfertigen und schrieb ein paar «dumme Briefe», erreichte aber nicht mehr als einen Tag Aufschub. Am 1. Dezember 1776 mußte Lenz Weimar für immer verlassen. Die Freundschaft mit Goethe endete in einer Katastrophe. Für Lenz war es ein tödlicher Schlag. Als ein Jahr später sein Wahnsinn offen ausbrach und man in Weimar davon erfuhr, wagte niemand, es Goethe zu sagen.

Charlotte von Stein. Bleistiftzeichnung. Angeblich Selbstbildnis

Johann Georg Schlosser.
Farbiger Stich von Prestel nach J. Becker

AUSBRUCH DER KRANKHEIT

Lenz wanderte in einem qualvollen Zustand von Weimar nach Westen. Er war verstört und hatte kein festes Ziel. Seine Hoffnungen waren vernichtet. Er wußte nicht, wohin er sich wenden sollte, und war so arm und mittellos, daß er auf Hilfe angewiesen war. Da entsann er sich der freundlichen Aufnahme, die er im April und Mai 1775 bei Goethes Schwager Schlosser in Emmendingen gefunden hatte. Schlosser war Amtmann des Markgrafen von Baden, ein tüchtiger Beamter, der am Anfang einer von Ehrgeiz vorangetriebenen Karriere stand. Lenz hatte

Goethes Schwester Cornelia.
Rötelzeichnung von J. L. E. Morgenstern

sich zu *Cornelia* Schlosser hingezogen gefühlt, nicht weil sie die Schwester seines *Bruders Goethe* war, sondern weil er bei der unglücklichen,
körperlich und seelisch kranken Frau instinktiv eine innere Verwandt-
schaft spürte. Ihr hatte er seine *Moralische Bekehrung*[187] zugeschrieben,
ihr, der *Schlosserin,* war es gelungen, Susanne Fibich, die *Kokette,* aus
seinem Herzen zu verdrängen. Sie war seine Muse, sein *Engel* geworden,
und durch eine wahrscheinlich mißverstandene Äußerung Cornelias
hatte er geglaubt, sie erwidere seine Gefühle. Davon konnte keine Rede
sein. Aber Lenz' Einbildungskraft kam von ihrem *Bild,* der *Reinen* und
Hohen, nicht mehr los – obwohl er sich damals bei der Rückkehr nach

Lenz. Bleistiftzeichnung, um 1777. Privatsammlung, Schweiz

Straßburg sofort einer anderen Traumliebe hingegeben hatte, Henriette Waldner.

Cornelia hatte Lenz eine Petrarca-Ausgabe geschenkt. In Petrarcas unerfüllter Liebe zu Laura fand er sein Verhältnis zu Cornelia gespiegelt, und so waren die drei großen *Gesänge* seines Fragments *Petrarch* entstanden, *ein Gedicht aus seinen Liedern gezogen*, das er später in Winterthur drucken ließ. Freie Übersetzungen einiger *Kanzonen* aus dem Urtext wurden beigefügt. *Petrarch* ist ein Erzählgedicht über die komplizierte Liebe Petrarcas zu Laura. Das Interesse der Stürmer und Dränger für Petrarca galt dem Widerstand, den dieser den Konventionen geleistet hatte, und dem Enthusiasmus für eine imaginäre Liebe. Die Anhänger Lenz' haben seinen *Petrarch* neben seine Ossian- und Shakespeare-Übertragungen gestellt.[188] Tatsächlich ist sein Petrarca-Bild wahrer als das karikaturistisch verzerrte Petrarca-Bild der Aufklärung – ein Vorklang der Entdeckung Petrarcas durch die Brüder Schlegel.[189]

Lenz beschloß also nach Emmendingen zu gehen; er wurde freundlich aufgenommen, erholte sich und nahm wieder Verbindung zu den Freunden in Straßburg auf. Cornelia, sein *Schutzengel*, war hochschwanger; ihr graute vor Schlosser, und sie haßte das Kind in ihrem Leibe. Lenz war freilich nicht der Mann, ihre pathologischen Züge zu erkennen.

Er schrieb eine Erzählung mit dem Titel *Der Landprediger*. Sie ist bemerkenswert wegen der geradezu prophetischen Hellsicht des Verfassers. Der *Landpastor Mannheim* ist ein Reformer und hat als Helfer der Bauern Erfolge. Er baut Schulen und Wege und gründet eine Genossenschaft, so daß das arme Dorf wohlhabend wird. Modell der Erzählung ist der Pfarrer Oberlin in Waldersbach, der wegen seiner Tätigkeit im ganzen Elsaß bekannt geworden war. *Mannheim* strebt aber nach Höherem. Er hat literarischen Ehrgeiz, der als *Krankheit* erscheint. *Mannheim* erkennt seine Fehler und wird gesund. Die Erzählung verläßt den Boden der Wirklichkeit und geht in Lenzsche *Phantaseien* schwärmerisch-religiöser Art über. Schließlich wird eine Sekte gegründet, deren Hoherpriester der mustergültig erzogene Sohn, *Mannheim II.*, ist. Auch die Pastorin, ein resolutes Frauenzimmer, verfaßt in stillen Stunden Verse und Parodien auf Dramen im sentimentalen Geschmack der Zeit. Doch gibt sie die Literatur, als müßigen *Zeitvertreib*, bald wieder auf.

Lenz war bis zu seinem Aufbruch nach Weimar seßhaft gewesen. Jetzt beginnt er rastlos zu wandern. Die erste Station war Basel, wo er im März 1777 bei Küttner eintraf, einem seiner Verehrer, der erschüttert war, als er statt eines vitalen Genies in Lenz einen schüchternen, liebenswürdigen und eher duldenden Menschen erkannte. Mitte Mai reiste er nach Zürich und Schinznach. Lavater betreute ihn und nahm ihn zur Tagung der «Helvetischen Gesellschaft» mit, wo er außer Küttner den elsässischen

Partie aus Zürich. Kupferstich von J. B. Bullinger, 1770

Pädagogen und Dichter Gottlieb Konrad Pfeffel traf. Noch war Lenz in
der Lage, witzige Verse geistreich zurückzugeben.[190] Freudige Stimmungen wechselten mit traurigen. Von Zürich aus unternahm er einen
Ausflug zum Rheinfall von Schaffhausen. Im Juni machte er mit einem
anderen Freund und Verehrer, Philipp Christoph Kayser, eine alpine
Tour zum St. Gotthard. Die Nachricht vom Tode Cornelia Schlossers, als
Folge der Geburt, zog Lenz im Juni 1777 wieder nach Emmendingen. Er
verfaßte ein tief empfundenes Trauergedicht:

> *Mein Schutzgeist ist dahin, die Gottheit, die mich führte*
> *Am Rande jeglicher Gefahr*
> *Und wenn mein Herz erstorben war.*[191]

Gottlieb Konrad Pfeffel.
Gemälde von
Friedrich Adolf Schöner,
1809

Johann Kaspar Lavater.
Aquarell-Miniatur

Durch Schlosser lernte Lenz einen Baron Hohenthal kennen, der ihn zu einer Reise durch die Schweiz und nach Italien einlud. Aber schon in Sitten im Wallis erkrankte Hohenthal, und so mußte Lenz zum zweitenmal den Plan, nach Italien zu reisen, aufgeben. In Basel hatten die Sarasins ihn eingeladen, aber er verfehlte sie. Die Briefe zeigen, daß er sich mit einem Projekt der Sarasins, einer Musterlehranstalt für Mädchen, beschäftigt hat. Er machte Pläne und Vorschläge dazu, dachte auch wohl daran, als Lehrer an der Schule wirken zu können.

Im Oktober wollte Lenz das «Philanthropin» des Herrn von Salis in Marschlins besuchen. Er setzte die Reise allein fort und kam bis ins Addatal in Oberitalien. Über die Berninagruppe kehrte er nach Glarus und Zürich zurück. Im November ließ er sich von Christoph Kaufmann, einem von Lavater überschätzten Weltverbesserer und Sturm- und Drang-Apostel, nach Winterthur einladen. Von hier aus unternahm er eine *Streiferei* zum Bodensee, nach St. Gallen und Appenzell. Körperlich und geistig war er in elender Verfassung und drückte sie in satirischen Gedichten aus. Er bezieht sich auf die Weltverbesserungsmethoden des «Philanthropins»:

Auf Knien bitt ich, hört die Tränen Aretins,
Die Proben eurer Lieb auf meinem Rücken.
Verzeiht, sie können nicht mein Naturell ersticken;
Ich bitte um ein Wort und sag ich mehr,
So lächelt eine Welt von Prügeln auf mich her.
Bei dem, was ihr verspracht, aus unserm Volk zu machen,
Fing mir das Herz im Leibe an zu lachen.

Das Gedicht schließt mit einer Verhöhnung des philanthropischen Eifers:

Mit schönfrisiertem Haar, wo nichts darunter sitzt,
Mit nimmer ruhigen, verwünschten Plappermühlen,
Die noch für Gott, noch Welt, noch für sich selber fühlen.[192]

Die Reisen durch die Schweiz begeisterten Lenz zu einem Gedicht in Prosa, *Die Erschaffung der Welt*. Wenn man den Text entsprechend gliedert, lassen sich Verse erkennen:

Wie die Sonne in dunkle Fluten
Gern all ihren Glanz versenkt,
Bohrt das brennende Aug im Guten,
Bis es all seine Pein dort ertränkt.[193]

Daß Lenz krank war, bemerkten alle Freunde. Bei Kaufmann in Winterthur kam 1777 der erste schizophrene Schub, so stark, daß die Bekannten erschraken. Sie waren sich einig, helfen zu müssen, und glaubten, es sei am besten, Lenz zu dem Pfarrer Johann Friedrich Oberlin in Waldersbach zu schicken, der als Helfer in schweren Fällen bekannt war. So machte sich Lenz im Januar 1778 auf den Weg durch die verschneiten Vogesen («übers Gebirge», wie Büchner sagt) zu Oberlin. Im Dunkeln klopfte er an. Als Oberlin öffnete, sah er einen kleinen Mann mit bleichem Gesicht und lang herabhängenden blonden Locken, der abgerissene Kleidung trug, so daß der Geistliche ihn für einen Handwerksburschen hielt. «Ich bin ein Freund Kaufmanns und bringe Ihnen einen Gruß von ihm», sagte der Fremde. «Bitte Ihren Namen!» – «Lenz.» – «Soso,

«Scheide-Blick nach Italien vom St. Gotthard, 22. Juni 1775».
Zeichnung Goethes von seiner Schweizer Reise, 1775

Christoph Kaufmann.
Kupferstich von J. H. Lips, 1777

haben Sie nicht was drucken lassen?» – «Ja, aber belieben Sie nicht, mich darnach zu beurteilen.» So genau haben Oberlins Notizen das Auftauchen von Lenz in Waldersbach festgehalten.[194]

Lenz wurde ins Haus gebeten. Er erholte sich ein wenig und erzählte dem Gastgeber von sich, seinem Vaterhaus und der Kindheit. Er sprach von Russen und Esten und zeichnete ihre Kostüme auf. Oberlin erzählt, daß er ihm ein Zimmer im Schulhaus angewiesen habe. Gegen Morgen sei er dann durch die Stimme des Lehrers geweckt worden, der Lenz – in französischer Sprache – aufforderte, ins Bett zu gehen und nicht wieder in das eiskalte Wasser zu steigen. Lenz hatte offenbar nicht schlafen können. Er war im Dorf umhergeirrt und hatte sich in das Wasser eines Trogs gestürzt.

In den folgenden Tagen benahm er sich ruhig. Er schnitt die Silhouetten seiner neuen Freunde und sandte sie an Lavater für dessen Physiognomik. Am vierten Tag, einem Sonntag, hielt er sogar an Oberlins Stelle *eine schöne Predigt*. Er benahm sich so gut, daß Oberlin eine Reise machte und die Ausübung der Amtspflichten dem Kandidaten Lenz überließ. Als er nach einigen Tagen zurückkam, hörte er freilich merkwürdige Dinge. Im Nachbarort hatte Lenz ein totes Mädchen, das Friederike hieß, vom Tod auferwecken wollen. Er hatte den ganzen Tag dafür gefastet und gebetet, trug ein härenes Gewand und hatte sein Haupt mit Asche bestreut. Auch hatte er, trotz einer Wunde am Fuß, wieder in dem kalten Trog gebadet.

Oberlin zog Erkundigungen ein. Von Schlosser erfuhr er das Nötigste. Er wollte Lenz zu einer Versöhnung mit dem Vater überreden. Schlosser schrieb nach Dorpat, um die Familie Lenz vorzubereiten.

Bei Lenz mischten sich in diesen Tagen religiöse Schuldgefühle mit Erinnerungen an Friederike Brion in Sesenheim. Ganze Nächte verbrachte er weinend und betend in seinem Zimmer. Sein Gesicht war mit kaltem Schweiß bedeckt, er zitterte am ganzen Körper. Er hielt sich für einen Sünder und Verbrecher, verlangte, der Polizei übergeben zu werden, und machte Selbstmordversuche, indem er sich zweimal aus dem Fenster auf die Straße stürzte und, wie der junge Lord im *Engländer*, sich mit einer Schere verletzte. Als man ihm die Werkzeuge fortnahm, rannte er mit dem Kopf gegen die Wand. Zwei Männer mußten ihn Tag und Nacht bewachen. Wenn die Anfälle vorüber waren, bat er um Verzeihung und setzte alle durch seine Liebenswürdigkeit in Erstaunen. Schließlich konnte Oberlin ihn nicht mehr bei sich behalten. Er sandte ihn in seinem eigenen Wagen mit drei Mann Bewachung nach Straßburg.[195]

Hier kam es zu neuen Anfällen; die Freunde schickten Lenz zu Schlosser nach Emmendingen, der den Ernst der Krankheit als erster erkannte und sie als «Hypochondrie» bezeichnete. «Er ist wie ein Kind», schrieb er, «keines Entschlusses fähig, ungläubig gegen Gott und Menschen. Zweimal hat er mir große Angst eingejagt; sonst ist er zwischen der Zeit ruhig.»[196] Als Klinger zu Schlosser kam und hörte, daß man Lenz ans Bett habe fesseln müssen, verordnete er eine sonderbare Behandlung. Er ließ ihn mit Gewalt zehn Minuten lang im kalten Wasser eines Bachs im Garten festhalten. Lenz schlief darauf gut und bedankte sich am folgenden Morgen für die Behandlung.

Schlosser berichtete, es gehe Lenz besser. Er lache, spiele Schach, lese

Johann Friedrich Oberlin. Anonyme Lithographie, um 1825

und zeichne. Aber Ende März und im April wiederholten sich die Anfälle. Schlosser schrieb nach Straßburg: «Sein Tod würde mir der größte Trost sein»[197]. Er fürchtete, man müßte Lenz nach Frankfurt ins Tollhaus bringen. Die Kosten dafür hoffte er durch Subskriptionen bei den Freunden in Straßburg, Weimar und in der Schweiz aufzubringen. Inzwischen beruhigte sich Lenz wieder. Schlosser brachte ihn bei dem Emmendinger

Schuhmachermeister Süß unter. Lenz betätigte sich einige Tage lang *mit Vergnügen* in der Werkstatt, so daß man ihn zu einem Förster brachte, damit er sich in der Landwirtschaft betätige. Am 13. August 1778 schrieb Lenz an seine Basler Freunde: *Ich beschäftige mich hier unter Anleitung des Herrn Lydinn* (des Försters) *mit dem Ackerbau und der Jagd, die mir tausend Vergnügen bietet und meinen Kopf von Tag zu Tag mehr aufheitert, da die körperliche Bewegung, die Entfernung von Büchern und der Umgang mit einem Manne, der in der Einrichtung seines Hauswesens und Ausfüllung der ganzen Sphäre, in die ihn die Vorsehung gesetzt hat, mir auf jedem Schritt eine neue Wahrheit aufschließt; mir die Entfernung von meinem Wohltäter Schlosser, auf dessen baldige Wiederkunft ich dennoch zähle, ungemein versüßen.*[198]

Schlossers Briefe an Lenz' Vater, den Probst von Dorpat, wurden von «dem alten Schurken» (Schlosser) nur «mit langen Predigten» beantwortet. Ende November wollte Schlosser Lenz mit dem Rest des gesammelten Geldes nach Jena schicken, wo Lenz' Bruder Karl studierte. Die Familie stimmte zu. Offenbar begriff sie nicht, was geschehen war; sie meinte, Lenz solle in Jena Juristerei studieren und am Ende «ein großes Licht unter den livländischen Advokaten werden»[199]. Eine zu diesem Zweck in der Familie aufgelegte Subskription hatte keinen Erfolg. Für Lenz' Unterhalt in Jena sorgte vorerst der Herzog von Weimar.

Erst im April 1779 ließ sich Vater Lenz zu einem Brief an seinen Kollegen Herder in Weimar herab und teilte diesem mit, daß er 31 Dukaten nach Jena gesandt habe.[200] Inzwischen hatte sich Lenz' Zustand wieder verschlimmert. Man schaffte ihn nach Basel, wo er ärztlich betreut wurde. Von hier holte ihn der Bruder Karl im Juni 1779 ab und geleitete ihn unter Schwierigkeiten nach Lübeck. Aus Geldmangel mußten die Brüder große Teile des Weges zu Fuß zurücklegen. Von Lübeck brachte ein Schiff sie nach Riga, wo sie am 23. Juli 1779 eintrafen.

LETZTES JAHRZEHNT IN RUSSLAND

Die Heimkehr des verlorenen Sohnes vollzog sich nicht nach biblischem Muster. Die Brüder empfingen ihn im Hafen mit Vorwürfen und Ermahnungen. Frau Busch, die Freundin Herders, nahm Lenz auf und führte ihn in die Rigaer Gesellschaft ein. Er erschien in gepuderter Frisur, seidenen Strümpfen, mit einem Galanteriedegen an der Seite und einem Zylinderhut. Der Vater bereitete seine Übersiedlung von Dorpat nach Riga vor, er war soeben zum Generalsuperintendenten von Livland ernannt worden. Die Mutter war vor einem Jahr gestorben, und der Alte hatte wieder geheiratet. Lenz begrüßte die Stiefmutter mit einem freundlichen Brief und legte ein Hochzeitscarmen in Alexandrinern bei.

Riga, mit der Schiffs-brücke über die Düna. Anonymer Stich, koloriert

Als der Vater das bischöfliche Palais in Riga bezogen hatte, widmete der Sohn sich weiterhin gesellschaftlichen Zerstreuungen. Er schien sich von den Anfällen der Krankheit zu erholen. So gewannen der Vater und die Brüder den Eindruck, es bedürfe einer soliden bürgerlichen Stellung für Jakob. Zufällig war das Rektorat der Rigaer Domschule frei, und diesen Posten gedachte der Vater ihm zu verschaffen. Er schleppte Jakob kurzerhand zum Bürgermeister, doch dieser erklärte ihnen, alles komme auf eine Empfehlung Herders an, dessen fünfjähriges Wirken in Riga unvergessen war. Nichts war für Lenz einfacher als das. Er schrieb an Herder drei Seiten. Sie zeigen, daß er sich über seine Lage nichts vormachte: *Stellen Sie sich meine Verwirrung vor, als ganz unvorbereitet, ganz überraschend für mich und vermutlich für alle, die gegenwärtig*

waren, mit der Naivität, von der Sie sich bei meinem Vater nur eine
dunkle Vorstellung – auch Sie! – machen können, er förmlich bei der
Schule für mich anspricht, und wenn ihnen ein Subjekt dazu fehlte, mich
unparteiisch (Welch ein Ausdruck!) unparteiisch dazu empfiehlt. Herrn
Burgermeisters S. (Schieck) Miene, die sich dabei sichtbar veränderte,
machte mir den Mann noch einmal so ehrwürdig, denn nun hatte ich
wenigstens meiner eigenen Verlegenheit etwas zuzugesellen.[201]

Obwohl auch der Verleger Hartknoch Lenz' Kandidatur befürwortete,
war die Voreingenommenheit weiter Kreise nicht zu übersehen. Herder
konnte Lenz nicht empfehlen und schrieb an Hartknoch: «Mit Lenzen ist
nicht. Er taugt nicht zur Stelle, so lieb ich ihn habe.» Er empfahl Johann
Heinrich Voß, und der bekam das Rektorat. Nach dem Fehlschlag in Riga
wollte Lenz sein Glück in St. Petersburg versuchen. Er bat den Vater um
Empfehlungsschreiben. Aber die Briefe des Alten waren mit Vorwürfen
und Einschüchterungsversuchen gespickt. Lenz hoffte, Lehrer am Kadettenkorps werden zu können. Die Größe der Stadt, das rauhe Klima – es
wurde Winter –, die fremden Sitten und die russische Sprache, die er
nicht verstand, bedrückten Lenz. Auch ein Versuch beim Korps der
Seekadetten, in Kronstadt, schlug fehl. Mit Hilfe von Bekannten suchte
er am Hof des Großfürsten Paul Fuß zu fassen, als Vorleser oder Biblio-
thekar. Es gelang nicht.

Ruhelos irrte Lenz zwischen Livland und St. Petersburg hin und her,
nahm Hofmeisterstellen an und verschwand wieder bei Nacht und Nebel.
Welche Möglichkeiten es gab, bewies Klinger, der im Herbst 1780 beim
Großfürsten genau die Stellen erhielt, die Lenz sich gewünscht hatte, und
es in kaiserlichen Diensten zum General und Magnaten brachte. Von
Riga aus suchte sich Lenz mit den Freunden in Deutschland zu versöh-
nen. Goethe und Frau von Stein antworteten kühl. Wieland schrieb
spöttisch an Merck: «Lenz hat von Riga aus wieder ein Lebenszeichen
von sich gegeben. Aus seinem an mich gerichteten Zettelchen ist zu
sehen, daß er zwar sich selbst wiedergefunden hat, aber freilich den
Verstand, den er nie hatte, nicht wiederfinden konnte.»[202] Auf Herder
wagte Lenz nicht mehr zu rechnen.

Die Erfolge Klingers bei Hof machten Lenz neue Hoffnungen. Unter
den Versuchen, sich beliebt zu machen, fällt eine Ode an das Haus
Romanow auf: Empfindungen eines jungen Russen, der, in der Fremde
erzogen, seine allerhöchste Landesherrschaft wieder erblickte.[203] Katharina wird mit einer Göttin verglichen; es sei ihr Verdienst, Völker,
welche sie in hundert Sprachen loben, zu einer Nation gemacht zu haben.
Lenz hatte sich in seinen Gesuchen an die Kadettenschulen seiner takti-
schen und fortifikatorischen Kenntnisse gerühmt. Er hoffte jetzt auf eine
Stellung bei der Garde: Herr Baron von Maltiz, schrieb er im April 1781

Die Festung St. Petersburg, illuminirt an einen hohen Festin oder Praßdnick.

St. Petersburg: die Peter-Pauls-Festung,
festlich dekoriert und illuminiert. Kupferstich

an einen der Brüder, *hat mich bei der Garde unterzubringen versprochen, wo eine Kadettenschule ebensoviel Hebung verspricht als der Dienst selbst für meine Gymnastik und die Gesundheit meines Körpers.*[204]

Den kleinen, zarten Lenz kann man sich schwer als russischen Gardeleutnant vorstellen, doch plötzlich hatte er Glück: Er wurde Sekretär beim Kommandeur des Kadettenkorps. Nicht für lange; er war der Stellung nicht gewachsen, wurde entlassen, und seine Position nahm ein Dramatiker anderen Zuschnitts an, August von Kotzebue, der es ähnlich wie Klinger zu Adel, Reichtum und Staatsratsstellung in russischen

Diensten brachte – und nebenher bequem «den Musen» leben konnte.
Jetzt sah Lenz ein, daß in St. Petersburg für ihn kein Fortkommen war
und setzte seine Hoffnung auf Moskau. Er schrieb an den Historiker
Friedrich Müller, er wolle *die Geschichte des Vaterlandes, wofür ich
Rußland halte*, in Moskau studieren und bat, da er des Russischen kaum
mächtig sei, um *Aufenthalt in Dero Hause*[205]. Müller war gutmütig
genug, auf Lenz' Wunsch einzugehen. Er wurde sein *Wohltäter*. Auch als
Müller zwei Jahre später starb, konnte Lenz noch einige Zeit bei der
Witwe im Müllerschen Haus leben. Diese Jahre waren die ruhigsten für
Lenz in Moskau. Er lernte die Sprache und legte den Grund zu seiner
späteren Stellung an Lehrinstituten. Er nahm seine früheren Arbeiten,

Moskau. Stich von Delabart, 1775

unter ihnen die *Catharina* und die *Sizilianische Vesper*, wieder vor. Die
Vesper erschien 1882 im «Liefländischen Magazin der Lektüre», dessen
Redaktion Lenz als Mitarbeiter zu schätzen wußte. Auch ein *Boris Godu-
now*-Fragment hat sich erhalten.

In dieser Zeitschrift, im gleichen Jahrgang, erschien anonym *Ein Lust-
piel à la chinoise* mit dem sonderbaren Titel *Myrsa Polagi oder Die
Irrgärten*. Es handelt sich um ein witzig verschlüsseltes Drama über
Weimarer Personen: Herzog und Herzogin, Goethe und Friedrich von
Einsiedel und, unter dem Namen *Abumasar*, als *Sterndeuter*, Lenz
selbst. Die neuere Forschung hat sich, wohl mit Recht, entschlossen, in
Myrsa Polagi ein Lenzsches Werk zu sehen, das in die Zeit des *Tantalus*

gehört. Ähnlich wie dort spielt Lenz eine tragikomische Rolle. Die exotische Einkleidung verlegt die Handlung in einen indisch-persischen Orient, den Lenz in einer Reisebeschreibung gefunden hatte.[206] Die Art und Weise der Gesprächsführung und des Aufbaus erinnert an *Das Väterchen* und *Die Entführungen* nach Plautus.

Daß Lenz solche Arbeiten schreiben konnte, beweist, daß die Krankheit[207] zumindest zum Stehen gekommen war. Erst nach dem Abschied vom Haus Müller, 1783, scheint es einen neuen Schub gegeben zu haben. Lenz wendet sich allerhand pädagogischen und patriotischen Projekten zu. Vielleicht hängen die schwülstigen Huldigungsgedichte für die Romanows und Moskauer Adlige (etwa *Auf den Tod S. Erl. des Oberkammerherrn Senateur und Grafen Boris Petrowitsch Scheremetjeff*[208]) mit seiner Stellung als Erzieher an zwei Privatschulen zusammen, wo die Söhne des Adels auf die Kadettenanstalten und das Studium vorbereitet wurden. Aus dieser Stellung lassen sich Lenz' Aufsätze zu Fragen des Unterrichts und Schulwesens erklären, die in der «Baltischen Monatsschrift» und anderen Magazinen der Heimat erschienen.

Lenz' Reformeifer trieb auch komische Blüten. So möchte er, daß die *ungeheuren Mengen von Holz nicht allein zu Branntwein verarbeitet* werden sollen. Die Maurer von Moskau möchte er *nach Art der Feuerwehrgesellschaften in London*[209] zur Genossenschaftsbildung anregen. Diese Genossenschaft solle, gemeinsam mit Ziegeleien und Kaufleuten, der Krone ihre Dienste anbieten – statt daß die Maurer als Tagelöhner einzeln angeworben wurden. Ferner entwarf er den Plan einer polyglotten Bibelausgabe für alle *100 Nationen* des Reiches; seine etymologischen Vorschläge waren allerdings so wirr, daß die Herausgeber der Briefe sie fortließen.

Lenz lernte so gut Russisch, daß er sich an Übersetzungen heranwagte. Sie standen in Verbindung mit seinen Wünschen, die Verhältnisse des Riesenreiches den Deutschen bekanntzumachen. Er übersetzte ein russisches Standardwerk: *Übersicht des Russischen Reichs nach seiner gegenwärtigen Neu eingerichteten Verfassung aufgesetzt von Sergei Pleschtschejew. Aus dem Russischen übersetzt von M. R. Lenz.* Das Buch wurde in Leipzig bei Breitkopf gedruckt und erschien 1787 in Moskau. Ferner wollte er Michail Tschulkows «Historische Beschreibung des russischen Handels» übersetzen, das 1781 bis 1787 in nicht weniger als 21 Bänden erschien. Die Arbeit beschäftigte ihn bis zu seinem Tode. Den bedeutendsten Versuch, die Deutschen mit Rußland bekannt zu machen, muß man in der Übertragung der ersten fünf Gesänge von Michail Cheraskows «*Russiade*» sehen. Er sandte die Arbeit an Boie, für dessen «Deutsches Museum». Die Sendung scheint nicht angekommen zu sein und gilt als verloren.

Titelblatt der von Lenz übersetzten
«Übersicht des Russischen Reichs»

Man muß in Moskau bald erkannt haben, daß Lenz krank war. 1784
schreibt ein Bekannter: «Der Dichter Lenz paßt gar nicht in unsere Stadt
hinein. Was soll man mit seiner so großen Zerstreutheit anfangen?»[210] Er
muß wunderlich gewesen sein und erregte Mitleid. Gedankenflucht und
Geschwätzigkeit nahmen zu. Seine Projekte erschienen lächerlich oder
wurden zur fixen Idee, etwa der Plan, in Dorpat eine livländische Univer-

Nikolaj M. Karamsin. Gemälde von B. A. Tropinin.
Tretjakow-Galerie, Moskau

sität zu gründen. In Moskau bemühte er sich, ähnlich wie in Straßburg, eine *literarische Gesellschaft* zu bilden und wollte sie mit der aufblühenden deutschen Freimaurerloge «Zur Freundschaft» zusammenschließen. Mit den Freimaurern verbanden Lenz die Abneigung gegen den Rationalismus, die mystisch angehauchte Religiosität und der Wille, Moral und Bildung zu heben.

   Die für uns wichtigste Bekanntschaft Lenz' war die mit dem jungen Schriftsteller und späteren Historiker Nikolaj M. Karamsin. Die beiden wohnten zufällig im gleichen Haus und sahen sich 1787 und 1788 fast täglich. Es waren die Jahre vor Karamsins Europa-Reise. Karamsin sprach fließend deutsch und stand mit manchen Repräsentanten des deutschen Geisteslebens in Verbindung. Im April 1787 schrieb er an Lavater: «Was soll ich Ihnen von Lenzen sagen? Er befindet sich nicht wohl. Er ist immer verwirrt. Sie würden ihn gewiß nicht erkannt haben, wenn Sie ihn jetzt sähen. Er wohnt in Moskau, ohne zu wissen, warum. Alles, was er zuweilen schreibt, zeigt an, daß er jemals viel Genie gehabt hat, jetzt aber . . .»[211]

In Karamsins «Briefen eines reisenden Russen», 1791/92[212], ist viel von Lenz die Rede. Offenbar hat Karamsin dem deutschen Dichter große Teilnahme entgegengebracht. Auf seiner Reise durch Europa besuchte Karamsin alle Orte, wo Lenz gelebt hatte, Königsberg, Weimar, Straßburg und Zürich. Überall suchte er Lenz' alte Bekannte auf. Er sagt: «Selbst in seinem Irresein setzten uns seine poetischen Ideen in Erstaunen.»[213] Lenz' Nachlaß enthielt Gedichte und Abhandlungen, auch in französischer Sprache. Rosanow teilt Proben davon mit und sagt, es sei «zuviel Krankhaftes und Pathologisches darin enthalten»[214].

In den letzten Briefen nehmen die Klagen zu; Lenz nennt sich *krank* und *arm, dem Tode näher als dem Leben*. Er entschuldigt sich für die *Geschwätzigkeit* und seine *Torheiten*. In einem Brief an den Vater bittet er um dessen Segen und klagt: *Man verfolgt mich – und raten Sie wer? Ich habe niemals die Freundschaft verletzt, die ich meinen frühsten Gönnern schuldig war. Aber – teuerster Vater: Ich winde mich als ein Wurm im Staube und flehe um Erlösung von allen andern Anmutungen, die bei dem seltsamen Nationalcharakter hier mir Gift werden. Ich habe gefehlt, 1000 Mal gefehlt . . . Nein, ich war nicht für Liefland gemacht.*[215] Er erhielt keine Antwort. Obwohl Vater und Brüder hochgestellt und einflußreich waren, rührten sie keinen Finger für den Sohn und Bruder, durch den ihr Name bis heute lebendig geblieben ist.

Lenz lebte schließlich von Almosen seiner adligen Gönner. In einem der letzten Briefe, 1790, wird die Zerrüttung sehr deutlich: *Herr Eisen hat seine getrockneten dicken Suppen für Gegenden, wo wenig gekocht wird und Kräuter für die Küche nicht wachsen, nicht an den Mann bringen* (können). *Für einen solchen Schokoladenhandel weiß ich hier* (in Moskau) *Absatz. Ingleichen für liefländische Butter, Fische, Lachse, Butten* (Schollen), *Austern, Säfte mit Honig und Zucker gekocht. u. s. f. Ihnen fehlen allerdings russische Manufakturen* (Fabriken), *an wohlfeilen Kattunen . . . Damast, Zeuger, die man bis ans Schwarze und Kaspische Meer herab in allen Städten im Überfluß fabriziert, Kumatsch genannt. Sie haben einige feine Likörs, Bücher, Moden aus England, Hamburg, Frankreich – sollte eine Bank für Liefland in Moskau, um*

*derentwillen (ich) in Petersburg Anregung getan, nicht zum Fasten, denn
die Fasten sind aufgehoben – sondern eine Zikulationsbank für Ware
gegen Waren . . .*[216]

Am frühen Morgen des 4. Juni 1792 wurde Jakob Michael Reinhold
Lenz tot auf einer Moskauer Straße gefunden. Ein unbekannter Freund
ließ ihn begraben. Das Grab kennt man nicht.

Lenz war an mehreren Schüben der Krankheit zugrunde gegangen.
Das erklärt den Wechsel der Stimmungen, das Wiederaufleben, die
Euphorien und das Verdämmern des Willens und des Verstandes. Er war
körperlich und seelisch zart, von weichem Gemüt und hatte erstaunliche
Gaben. Er besaß nicht die Robustheit eines Maler Müller, nicht die
Lebenstüchtigkeit Klingers oder die Verwandlungskräfte Goethes.

ANMERKUNGEN

Orthographie und Interpunktion wurden, mit einigen charakteristischen Aus-
nahmen, dem modernen Gebrauch angepaßt. Da es keine historisch-kritische Gesamtausgabe gibt, wurde nach den letzten Teileditionen zitiert. Römische Ziffern
bezeichnen den Band, arabische die Seitenzahl. Folgende Abkürzungen wurden
verwandt:

W	=	J. M. Lenz: Werke und Schriften. Hg. von Britta Titel und Hellmut Haug. 2 Bde. Stuttgart 1966
Br.	=	Briefe von und an Lenz (s. Bibliographie)
Blei	=	J. M. R. Lenz: Gesammelte Schriften in 5 Bänden. Hg. von Franz Blei
Ges. Werke	=	J. M. Lenz: Gesammelte Werke in vier Bänden. Hg. von R. Daunicht. München 1967 [Nur der erste Band ist er-schienen]
Gedichte	=	Gedichte von J. M. Lenz. Aus dem Nachlaß hg. von K. Weinhold (s. Bibliographie)
Dramat. Nachlaß	=	Dramatischer Nachlaß von J. M. R. Lenz. Hg. von K. Weinhold (s. Bibliographie)
W. u. Schr.	=	J. M. R. Lenz: Werke und Schriften. Hg. von Richard Daunicht. Reinbek 1970 (= Rowohlts Klassiker der Lite-ratur und der Wissenschaft. 528/529)
Reclam	=	J. M. R. Lenz: Anmerkungen übers Theater / Shake-speare-Arbeiten und Shakespeare-Übersetzungen. Hg. von Hans Günther Schwarz. Reclams UB 1976 [Vor allem für *Amor vincit Omnia* und *Coriolan*]
Ros.	=	M. N. Rosanow: Lenz. Leipzig 1909 (s. Bibliographie)

1 F. Hebbel: Tagebücher I,
   Nr. 1471; Max Halbe: «Der Dramatiker R. Lenz, zu seinem
   100. Todestag». In: «Die Gesellschaft» 8 (1892), S. 568–582; Ar-
   tur Kutscher: «Frank Wedekind».
   München 1922. Bd. I, S. 249–254
2 B. Brecht: «Versuche 11». Frankfurt a. M. 1951
3 F. Gundolf: «Shakespeare und
   der deutsche Geist». 1911, S. 230
4 Russisch 1901, deutsch 1909
   (s. Bibliographie)
5 W I, 323
6 J. G. von Herder: «Journal meiner Reise». Hist.-krit.-Ausgabe,
   Reclams UB 1976. Dazu das
   Nachwort von Kath. Mommsen
7 Spätere Skizze eines *Abälard*-
   Dramas bei Blei III, 406
8 Ges. Werke I, 35
9 Ebd. 30
10 W I, 11–83, in sechs *Büchern*.
   Das ganze Epos hat 1500 Verse
   (Alexandriner)
11 W I, 41
12 Ebd. 48
13 Ottomar Rudolf kam mit einem
   Danforth-Stipendium nach So-
   wjetrußland und konnte Einsicht
   nehmen in unveröffentlichte
   Lenziana (s. Bibliographie)

14 Br. I, 12

15 Zit. bei Rudolf, 53 nach dem «Berlinischen Archiv der Zeit und ihres Geschmacks» I (1796), S. 113

16 Blei I, 65

17 Nicht erhalten

18 Br. I, 13

19 Johann Georg Hamann: Briefwechsel. Hg. von Walther Ziesemer und Arthur Henkel. Wiesbaden 1955 ff. Bd. III, S. 122

20 Br. I, 13

21 Ebd. 15

22 W II, 253

23 Br. I, 122

24 Ebd. 18

25 Ebd. 84

26 Ebd. 130. Orthographie des Originals

27 Vor allem Froitzheim (s. Bibliographie)

28 W I, 340

29 Ebd. 351

30 Br. I, 83

31 Ges. Werke I, 289

32 Ebd. 304

33 Ebd. 127

34 Ebd. 231

35 W I, 409

36 Br. I, 13

37 Dramat. Nachlaß 12, dort weitere Angaben

38 Br. I, 139, 140, 149, 157

39 Dramat. Nachlaß 28

40 Eine Liste der Aufführungen bis 1965 bei Elis. Genton (s. Bibliographie) und O. Rudolf

41 Drei Lustspiele nach dem Plautus, von J. M. R. Lenz. Für die heutige Bühne bearbeitet von Wilhelm von Scholz. München 1918

42 W I, 329

43 Reclam 66

44 W I, 334

45 Ebd. 347

46 Ebd. 352

47 Ebd. 359

48 Ebd. 347

49 Ebd. 362

50 Trotz der auf Band II verweisenden Anm.-Nr. 362 in Band I ist die Übertragung in W nicht enthalten. Deshalb hier nach Reclam zitiert.

51 Shakespeare-Handbuch S. 409

52 Reclam 61 f

53 Morris, «Der junge Goethe», V., 13

54 Zit. bei Viktor Hehn: Gedanken über Goethe (1887), 57. Bei Rosanow S. 161

55 W II, 247

56 W I, 166

57 Ebd. 362 f. – Eine andere, wahrscheinlich frühere Fassung bei Blei IV, 214 f unter dem Titel «Von Shakespeares Hamlet»

58 W I, 367

59 Ebd. 369

60 Ebd. 371

61 Ebd. 373 f. Zur Frage der Echtheit des «Pericles» s. Shakespeare-Handbuch S. 471 f

62 Blei III, 449 f

63 Ebd. 411–448; ein Auszug aus Coriolan bei Reclam 120–129

64 W I, 361

65 Lenz in seiner Verteidigung des Herrn W. gegen die Wolken von dem Verfasser der Wolken, W I, 421 f. Von den Wolken, einer Satire gegen Wieland, sind nur zwei knappe Szenen erhalten (Dramat. Nachlaß 321 f).

66 Ros. 508

67 So spricht die Majorin zu Läuffer. W II, 13

68 W. u. Schr. 149

69 W II, 11

70 Ebd. 25

71 Ebd. 104

72 Ebd. 12
73 Ebd.
74 Ebd. 22
75 Ebd. 41
76 Ebd. 51
77 Ebd. 53
78 Ebd. 57
79 Ebd. 80
80 B. Brecht: «Versuche 11». Berlin 1951. S. 7
81 Ebd. in den Anmerkungen, S. 56
82 W II, 122
83 Ebd. 139
84 Ebd. 136 f
85 Dazu W. Hinck, s. Bibliographie, und die Anm. in W II, 729
86 «Frankfurter Gelehrte Anzeigen» 11. Juli 1775, S. 597. Zit. W II, 730
87 Ros. 194
88 Br. I, 124
89 O. Rudolf spricht von *Tandi* als einer Christusgestalt, S. 191
90 W II, 123
91 Ebd. 124
92 W I, 501
93 W II, 131
94 Ebd. 132
95 Wielands «Goldener Spiegel» wird im *Neuen Menoza* ironisch genannt; W II, 116 f
96 Br. I, 18
97 Ebd. 19
98 Ebd. 35
99 Ebd. 32. Auch Goethe benützte Goldsmiths Roman, um sich an das Pfarrhausmilieu heranzutasten.
100 So in der Hamburger Ausgabe von Erich Trunz, 1948. Die Weimarer (Großherzogin Sophien-) Ausgabe schreibt Goethe nur zwei Gedichte zu.
101 W I, 108
102 Ebd. 109
103 Ebd. 110. Die letzte Zeile mit einer Pointe, die von Heine sein könnte.
104 Nach der Fassung von Ros. 109. Eine andere Fassung W I, 139 f
105 Grün war als Freiheitskämpfer 1848 nach Straßburg gekommen. Das Schauspiel ist 1859 erschienen.
106 Robert Walser: «Lenz». In: «Die Schaubühne» 8 (1912), S. 453 bis 457. Abdruck in «Aufsätze und Dichtungen». Genf 1953. S. 144
107 1907 hatte Walser eine Aufführung der *Soldaten* in der «Schaubühne» 3, S. 268, besprochen.
108 Lenz kannte das Stück seit Königsberg.
109 Nach Froitzheim (s. Bibliographie)
110 Nach Ros. 297
111 Br. I, 131
112 Ebd. 215
113 Schlußszene der ersten Fassung bei Blei III, 225
114 W II, 246
115 W I, 361
116 Über die verschiedenen Aspekte der Reformen und Lenz' voneinander abweichende Begründungen s. John Osborne, bes. S. 130 f (s. Bibliographie)
117 W II, 187
118 Genton 35 und Girard 363 (s. Bibliographie)
119 W II, 189
120 Froitzheim, urkundl. Kommentar (s. Bibliographie), 36 f
121 W II, 207
122 Ebd. 195
123 Ebd. 226
124 Ebd. 246
125 Ebd.
126 Ebd. 247
127 Freye, Soldatenehen, 20
128 Ebd. 27

129 Ebd. 30
130 W I, 358
131 W II, 227
132 Ebd. 239
133 Ebd. 242. Über die Christusge-
    stalt auch Höllerer (s. Bibliogra-
    phie)
134 W II, 237
135 Ebd. 197, dazu Osborne, 141
136 Rosanow teilt an verschiedenen
    Stellen seines Werkes etwa 40 Ti-
    tel mit. Blei, III bringt mehr als
    20 Fragmente.
137 W I, 483 f
138 Ebd. 501
139 Blei IV, 20 f
140 Br. I, 51 f
141 Ebd. 65
142 Blei IV, 60 f
143 Das Buch ging verloren. Schon
    Rosanow wußte nur von der Exi-
    stenz von zwei Exemplaren. Der
    Abdruck bei Blei (Bd. IV) geht
    nicht auf das Original zurück und
    hatte zahlreiche Fehler. W II,
    510–571 bringt nur den 2. Teil,
    die Stimmen. Erst Daunicht fand
    ein Exemplar des Erstdrucks und
    druckte es vollständig ab. W. u.
    Schr. 167
144 W. u. Schr. 169
145 Ebd. 186 f
146 Ebd. 203
147 Ebd. 212
148 Ebd. 222
149 W I, 572–578
150 In einem Brief an den Gotharer
    Archivrat Friedrich Wilhelm
    Gotter vom 14. Januar 1776
    spricht Lenz ausführlich über das
    Stück; Br. I, 163 f
151 Ausführung 1780/81. Veröf-
    fentlicht im «Liefländischen Maga-
    zin der Lektüre» 1782. Text
    W II, 355–389
152 W II, 489
153 Ebd. 514
154 W I, 89
155 Gedichte, S. 233
156 Br. I, 186
157 W II, 281
158 Ebd. 295
159 Bd. 353
160 Die Freunde machen den Philo-
    sophen erschien 1776 bei Meyer
    in Lemgo, Der Engländer 1777
    bei Weygand in Leipzig. Die
    Kleinen, Die beiden Alten, Der
    tugendhafte Taugenichts, die Ca-
    tharina von Siena und andere
    fragmentarische Stücke sind erst
    1884 von Weinhold aus dem
    Nachlaß ediert worden.
161 W II, 540 f
162 Dazu W II, 777
163 W I, 207. Erstveröffentlichung
    von L. Ulrichs 1877 in der «Deut-
    schen Rundschau»
164 s. Bibliographie
165 Abdruck W. u. Schr. 147
166 Ebd. 149
167 Ebd. 151
168 Ebd. 153
169 W I, 266
170 W. u. Schr. 154
171 Das Manuskript wurde erst 1918
    entdeckt (s. Bibliographie)
172 Br. I, 212
173 Ros. 342 nach Briefen der Zeit
174 Br. I, 222
175 Ebd. 223
176 Ebd. 231
177 Ebd. 232
178 Br. II, 3
179 Ros. 350 nach Rigaer Quellen
180 Br. II, 9
181 W I, 243
182 Ebd. 287
183 W II, 452
184 Die Deutung und Anordnung
    nach Wesle (s. Bibliographie) ist
    die plausibelste. Nach allgemei-

ner Ansicht hat Lenz noch in Moskau an der *Catharina* gearbeitet.

185 Br. II, 31
186 Ebd. 42
187 Die *Moralische Bekehrung* fällt zeitlich zwischen das *Tagebuch* und den *Waldbruder*.
188 Etwa Ch. H. Schmid, Br. I, 214
189 Gedichte, 131 f
190 W I, 625 f
191 Br. II, 59
192 W I, 196 f
193 Bei Tieck (Lenz' Schriften III, 280) in Prosa gesetzt.
194 Abdruck bei Stöber (s. Bibliographie). Büchners Erzählung folgt Oberlin bis in die Details.
195 Stöber 29
196 Ebd. 31
197 Ebd. 69
198 Br. II, 132 f
199 Ros. 394
200 Der Brief bei Ros. 504
201 Br. II, 138
202 Ros. 402
203 Gedichte, 240
204 Br. II, 190
205 Ebd. 194
206 Zur Entdeckung und Zuschreibung s. W II, 757–761
207 Lenz' Krankheit war Schizophrenie (morbus Bleuler), darin stimmen alle Zeugnisse und Deutungen überein (s. Bibliographie). Richard Friedenthal behauptet auf S. 178 seines «Goethe» (München 1963), Lenz habe «höchstwahrscheinlich» Syphilis gehabt. Belege nennt er nicht.
208 Gedichte, 246
209 Br. II, 222
210 Ros. 404
211 Zit. bei Ros. 427
212 Deutsch von Johann Richter, Leipzig 1799–1802. Neuaufl. München 1966
213 Ros. 427
214 Ebd. 438
215 Br. II, 139
216 Ebd. 240

QUELLENNACHWEIS DER ABBILDUNGEN

1751	Am 23. Januar (12. Januar des russischen Kalenders) in Seßwegen, Livland, geboren
1759	Übersiedlung der Familie nach Dorpat. Der Vater wird Oberpastor. Lenz besucht die Lateinschule
1766	Erste Gedichte. *Der Versöhnungstod Christi* erscheint in den gelehrten Beiträgen der «Rigischen Anzeigen». Gelegenheitsdrama *Der verwundete Bräutigam*
1767	*Dina*, biblisches Trauerspiel (verloren)
1768	Studium der Theologie in Königsberg. *Die Landplagen*
1771	Um Ostern mit den Brüdern Friedrich Georg und Ernst Nikolaus von Kleist über Berlin und Leipzig nach Straßburg. Lernt Goethe und die Gesellschaft des Aktuars Salzmann kennen. Vorträge vor der «Sozietät»: Literarische und theologische Fragen
1772–1774	In den Garnisonen Landau, Fort Louis und Weißenburg. Zwischendurch immer wieder in Straßburg. Arbeitet an den Übertragungen des *Plautus, Anmerkungen übers Theater*, Übertragungen *Shakespeares*, dem *Hofmeister*, dem *Neuen Menoza, Meinungen eines Laien*. Briefwechsel mit Salzmann, Lavater und Goethe (verloren)
1774	Die beiden Brüder von Kleist verlassen Straßburg, ihr jüngerer Bruder (Nicolaus Hieronymus) kommt und bleibt bis zum Herbst. Lenz lebt als freier Schriftsteller. Broterwerb durch Stundengeben. Liebe zu Susanne Cleophe Fibich (*Tagebuch*)
1775	Liebe zu Cornelia Schlosser (*Moralische Bekehrung*). Im Sommer kurzes Zusammentreffen mit Goethe. *Pandaemonium Germanicum. Die Soldaten. Die Wolken* (gegen Wieland gerichtet, eingestampft). Gründung einer *Deutschen Gesellschaft* in Straßburg. Liebe zu Henriette Waldner von Freundstein. *Petrarch. Zerbin. Die beiden Alten.* Briefwechsel mit Herder. *Ossian. Coriolan*
1776	*Die Freunde machen den Philosophen. Über die Soldatenehen. Der Engländer. Der tugendhafte Taugenichts.* Bearbeitung der *Catharina von Siena.* Lenz reist im März/April über Mannheim und Frankfurt nach Weimar und Berka. *Der Waldbruder, Tantalus, Myrsa Polagi.* Ende November Ausweisung aus Sachsen-Weimar. Reise nach Emmendingen zu Schlosser. *Der Landprediger.* Anzeichen der Krankheit
1777	Zu Freunden nach Basel, im Mai nach Zürich, im Juni zum Gotthard und nach Emmendingen. Plan einer Italien-Reise. Reisen in der Schweiz, an die Adda. In Winterthur bei Kaufmann, Bodensee-Reise. Neue Krankheitsanfälle
1778	Im Januar kommt Lenz zum Pfarrer Oberlin in Waldersbach im Elsaß. Erschreckende Krankheitsphänomene. Selbstmordversuche. Im Februar zu Schlosser in Emmendingen. Arbeit bei einem Schuhmacher, dann bei einem Förster
1779	Versuch, Jura zu studieren in Jena. Basel. Im Juni mit dem Bruder

über Lübeck nach Riga. Ankunft am 23. Juli. Versuche, dort im bürgerlichen Leben Fuß zu fassen, scheitern. Der Vater Generalsuperintendent in Riga

1780   In St. Petersburg. Versuche als Lehrer und Soldat scheitern. *Philosophische Vorlesungen für empfindsame Seelen*

1781   Im Sommer nach Moskau. *Die sizilianische Vesper*. Gelegenheitsgedichte an den Adel. Stellungen als Erzieher. Übersetzung von Pleschtschejews *Übersicht des Russischen Reichs* und Cheraskows *Russiade* (verloren)

1787–1788 Freundschaft mit Nikolaj M. Karamsin. Langsame Verblödung. Unterstützung durch Gönner

1792   Am Morgen des 4. Juni (24. Mai russischen Kalenders) tot auf einer Straße in Moskau aufgefunden. Grab unbekannt

ZEUGNISSE

CHRISTOPH MARTIN WIELAND

Der Verfasser der *Anmerkungen übers Theater* mag heißen wie er will, traun! der Kerl ist'n Genie, und hat bloß für Genien, wie er ist, geschrieben, wiewohl Genien nicht solches nötig haben. Fürs Publikum ist sowas freilich nicht. Denn was soll dies damit machen? Wie soll es dem Genie seine Rätsel erraten? oder ergänzen, was der geheimnisreiche Mann nur halb sagt? oder ihm in seinen Gemssprüngen von Klippe zu Klippe nachsetzen? – Sein Ton ist ein so fremder Ton, seine Sprache ein so wunderbares Rotwelsch, daß die Leute dastehn unds Maul aufsperren.

1775 im «Teutschen Merkur»

HEINRICH LEOPOLD WAGNER

Ein sehr vollwichtiger Beitrag zur Dramaturgie! tiefdurchdachte Einsichten in die Kunst! echtes warmes Gefühl des Schönen! anschauend dargestellt! in jedem Zuge die Hand eines Meisters erkennbar! Die französischen und französisierten «beaux esprits», die hochgeehrten Herren Spießträger des sentenziösen Corneille, des süßtönenden Racine usw. möchten des Henkers werden, daß nicht jedermann durch ihre Lorgnette gucken und sich das Gesicht verderben will: Hier stehen sie und schämen sich. Denke nur selbst, lieber Leser! Soviele à la modische Tragödienschreiber, die bisher doch auch glaubten, einen Kopf zu haben, ein Genie zu sein, die alle, alle stürzten um und samt und sonders von ihrer eingebildeten Größe ins Nichts zurücke.

1774 in «Frankfurter gelehrte Anzeigen»

CLEMENS BRENTANO

Den *Neuen Menoza* habe ich mit großem Vergnügen gelesen; das Ding ist mir besonders merkwürdig, weil es ein rechter Gegensatz der neuen Genialität ist, die so unendliche Dekoration und Farbe und Klimata und Ironie und all den Teufel braucht – und dort wie einfach! Ein Gartenspalier, ein Zopf, ein Leipziger Magister, ein zinnerner Topf, einer von Dresdner Porzellan, ihre Tochter, und einer von rotem Kupfer grün angelaufen, die Diana, und dann noch ein Prinz wie nichts; und das Ganze rumpelt und rauscht und ist doch so leer und so voll. Ich finde in dem Dinge ein Verhältnis zu Goethes «Geschwistern», ich glaube, am

Ende sind sie zu gleicher Zeit geschrieben. *Biederling* und seine *Frau* und der *Graf* nebst *Zopf* und dem *Vater* des *Bakkalaureus* sind die besten Figuren . . .

1806 an Achim von Arnim

JOHANN WOLFGANG VON GOETHE

Ich lernte ihn erst gegen Ende meines Straßburger Aufenthalts kennen. Wir sahen uns selten; seine Gesellschaft war nicht die meine, aber wir suchten doch Gelegenheit, uns zu treffen, und teilten uns einander gern mit, weil wir, als gleichzeitige Jünglinge, ähnliche Gesinnungen hegten. Klein, aber nett von Gestalt, ein allerliebstes Köpfchen, dessen zierlicher Form niedliche, etwas abgestumpfte Züge vollkommen entsprachen; blaue Augen, blonde Haare, kurz ein Persönchen, wie mir unter nordischen Jünglingen von Zeit zu Zeit eins begegnet ist; einen sanften, gleichsam vorsichtigen Schritt, eine angenehme, nicht ganz fließende Sprache und ein Betragen, das, zwischen Zurückhaltung und Schüchternheit sich bewegend, einem jungen Manne gar wohl anstand. Kleinere Gedichte, besonders seine eigenen, las er sehr gut vor und schrieb eine fließende Hand. Für seine Sinnesart wüßte ich nur das englische Wort whimsical, welches, wie das Wörterbuch ausweist, gar manche Seltsamkeiten in e i n e m Begriff zusammenfaßt.

1811, «Dichtung und Wahrheit», 11. Buch

JOSEPH VON EICHENDORFF

Lenz adoriert die Natur als einzige Gottheit, versteht aber unter dieser Natur eigentlich nur die völlige Losgebundenheit von Konvention, Sittlichkeit und allem Regelzwang, ohne im mindesten zu ahnen, daß die wirkliche Natur unverbrüchlich sehr strengen Gesetzen folgt und daher einen höhern Gesetzgeber über sich voraussetzt. Gut und schön ist bei ihm alles, was mit dieser vermeintlichen Naturfreiheit übereinstimmt, Sünde bloß das, was ihr widerspricht. Mit gemütlicher Naivität sucht er daher in seinem *Neuen Menoza* die Geschwisterehe plausibel zu machen, und in seinem *Engländer* die Freigeisterei und Wollust zu verherrlichen, *«die den Himmel preisgibt für Armiden»*. Ebenso natürlich findet er es auch in seinem *Hofmeister*, daß die Heldin vom Hofmeister geschwängert und dennoch gleich darauf von ihrem eigentlichen frühern Liebhaber geheiratet wird, daß ferner besagter Hofmeister sich sodann kastriert und dennoch wieder ein unschuldiges Bauernmädchen verführt.

1854, «Zur Geschichte des Dramas»

FRIEDRICH GUNDOLF

Für die Geschichte Shakespeares in Deutschland bedeutet Lenz nichts Neues, für die Geschichte der deutschen Literatur bestenfalls eine Kuriosität. Ihn zu retten gegen Goethes Darstellung, gegen jenes Porträt in «Dichtung und Wahrheit», das beinahe Lenzens einziges Verdienst um die deutsche Literatur bedeutet, ist ein unmögliches und törichtes Unterfangen. Er ist der durchschnittliche Typus eines Zerrissenen mit Genieprätentionen, ein Vorläufer Grabbes und des weit begabteren Georg Büchner. Und auch von deren Rettung wollen wir nichts wissen.

1911, «Shakespeare und der deutsche Geist»

FRANZ BLEI

Man denke an Christian Günther, der sich in keinerlei schlesische Dichterschule finden konnte und um seines Gedichtes willen lieber verreckte, statt als Stadtschreiber überflüssige Reimereien zu verfertigen. Man erinnere sich an Lenz – aber mit der Figur dieses sich auflehnenden *Hofmeisters* sind wir schon in einer wesentlich anders gerichteten Zeit: Eine neue Ethik des Künstlers hebt an, profitierend vom religiösen Zusammenbruch der Zeit und der wirtschaftlichen Neugestaltung der Gesellschaft: es beginnt die Literatur.

1924, «Der Künstler – was ist er?»

BERTOLT BRECHT

Es ist nötig, den ganzen vierten Akt, einen der delikatesten der dramatischen Literatur, aus dem Ganzen deutlich herauszuheben und sein Poetisches zu betonen, so daß der Zuschauer imstande ist, die Selbstverstümmelung aus der sexuellen Sphäre in die allgemeinere geistige zu übertragen. Wir änderten für diesen Akt die Beleuchtungsart ... Außerdem umrahmten wir die drei Szenen mit Musik, dem türkischen Marsch Mozarts, auf Cembalo, Tschinelle und pfeifende Piccoloflöten gesetzt. Im übrigen waren wir besonders bedacht, im Spiel das realistische Moment zu betonen. Ist doch der Vorgang, unübertragen, ganz für sich stehend, also nicht mehr bedeutend als die Zwangslage eines armen Teufels, sich für ein Geschlechtsleben oder ein Berufsleben zu entscheiden, genug charakteristisch für diese Gesellschaftsordnung.

1951, «Anmerkungen zum Hofmeister»

BIBLIOGRAPHIE

Erst in den letzten Jahrzehnten hat eine intensivere Beschäftigung mit Leben und Werk L.'s eingesetzt, sind neue kritische Textausgaben erschienen. Die Bibliographie soll einen Überblick vor allem über neuere Literatur geben, ohne Vollständigkeit anzustreben. Neben Werk- und Sammelausgaben führt sie wichtige Einzelausgaben (hauptsächlich Erstdrucke) auf. – Vor allem Dramen des Dichters haben bis in die Gegenwart immer wieder wichtige Bearbeitungen erfahren. Auch zu diesem Bereich finden sich hier weiterführende Hinweise. Im übrigen sei nachdrücklich auf die angeführten Bibliographien und Forschungsüberblicke verwiesen.

Abkürzungen:

DSG = Deutsche Schiller-Gesellschaft
DVjS = Deutsche Vierteljahresschrift für Literatur und Geistesgeschichte
EG = Études Germaniques
FDH = Freies Deutsches Hochstift
GLL = German Life and Letters
Jb., Jbb. = Jahrbuch, Jahrbücher
MLN = Modern Language Notes
WW = Wirkendes Wort
Zs. = Zeitschrift

1. Werk- und Sammelausgaben, Briefsammlungen [chronologisch]

Flüchtige Aufsätze von L. Hg. von PH. CHR. KAYSER. Zürich 1776
Gesammelte Schriften. Hg. von LUDWIG TIECK. 3 Bde. Berlin 1828
Dramatischer Nachlaß. Hg. von KARL WEINHOLD. Frankfurt/M. 1884
Gedichte. Hg. von KARL WEINHOLD. Berlin 1891
Lenz in Briefen. Hg. von FRITZ WALDMANN. Zürich 1894
Gesammelte Schriften. Hg. von ERNST LEWY. 4 Bde. Berlin 1909
Gesammelte Schriften. Hg. von FRANZ BLEI. 5 Bde. München, Leipzig 1909–1913
Briefe von und an J.M.R.L. Hg. von KARL FREYE und WOLFGANG STAMMLER. 2 Bde. Leipzig 1918 – Nachdruck: Bern 1969
Erzählungen. Hg. von KLAUS HAMMER. Leipzig 1962
Werke und Schriften. Hg. von BRITTA TITEL u. HELLMUT HAUG. 2 Bde. Stuttgart 1966–1967
Gesammelte Werke in vier Bänden. Hg. von RICHARD DAUNICHT. München 1967 [Nur Bd 1 ist erschienen]
Gedichte. Hg. von HELLMUT HAUG. Stuttgart 1968
Werke und Schriften. Hg. von RICHARD DAUNICHT. Reinbek 1970
Werke in einem Band. Hg. von HELMUT RICHTER. Berlin, Weimar 1972
Anmerkungen übers Theater. Shakespeare-Arbeiten und Shakespeare-Übersetzungen. Hg. von HANS-G. SCHWARZ. Stuttgart 1976

Erzählungen und Briefe. Hg. von JOACHIM SEYPPEL. Berlin 1978
J.M.R.L.: Poesiealbum 1 und 2. Hg. von SIGRID DAMM. Berlin 1979
Der Engländer. Der tugendhafte Taugenichts. Die Aussteuer. Dramen und Ge-
dichte. Hg. von ULRICH u. B. HOHOFF. Frankfurt/M. 1986
Werke und Briefe in 3 Bden. Hg. von SIGRID DAMM. Leipzig, München 1987

2. Einzelausgaben [chronologisch]

a) Zu Lebzeiten (Auswahl)

Der Versöhnungstod Jesu Christi. In: Gelehrte Beyträge zu den Rigischen An-
zeigen (1766), S. 49–60
Die Landplagen. Ein Gedicht in sechs Büchern; nebst einem Anhang einiger
Fragmente. Königsberg 1769
Anmerkungen übers Theater nebst angehängtem übersetztem Stück Shake-
speares. Leipzig 1774
Lustspiele nach dem Plautus fürs deutsche Theater. Frankfurt/M., Leipzig 1774
Der Hofmeister oder Vortheile der Privaterziehung. Eine Komödie. Leipzig 1774
Der Neue Menoza. Oder Geschichte des cumbanischen Prinzen Tandi. Eine Ko-
mödie. Leipzig 1774
Die Wolken. Lemgo 1775 [Druck vernichtet – Fragmente erhalten]
Meynungen eines Layen den Geistlichen zugeeignet. Stimmen des Layen auf
dem letzten theologischen Reichstag im Jahr 1773. Leipzig 1775
Éloge de feu Monsieur ++nd Ecrivain très célèbre en Poésie et en Prose. Dédié au
beau Sexe de l'Allemagne. Hanau 1775
Menalk und Mopsus. Eine Ekloge nach der fünften Ekloge Vergils. Frankfurt/
M., Leipzig 1775
Recension des neuen Menoza, von dem Verfasser selbst aufgesetzt. In: Frankfur-
ter Gelehrte Anzeigen, 11. 7. 1775, S. 459–466
Nur ein Wort über Herders Philosophie der Geschichte. In: Frankfurter Gelehrte
Anzeigen, 18. 7. 1775, S. 475–477
Petrarch. Ein Gedicht aus seinen Liedern gezogen. Winterthur 1776
Der Wasserzoll. Denkmal der Freundschaft. In: Iris, 2. 8. 1776, S. 1–47
Zerbin oder die neuere Philosophie. In: Deutsches Museum 1 (1776), S. 116–131,
193–207
Die Freunde machen den Philosophen. Eine Komödie. Lemgo 1776
Vertheidigung des Herrn W. gegen die Wolken von dem Verfasser der Wolken.
O. O. 1776
Epistel eines Einsiedlers an Wieland. In: Deutsches Museum 1 (1776),
S. 1099–1102
Die Soldaten. Eine Komödie. Leipzig 1776
Der Engländer. Eine dramaturgische Phantasey. Leipzig 1777
Der Landprediger. Eine Erzählung. In: Deutsches Museum 3 (1777), S. 289–307,
409–439, 567–574
Das Hochburger Schloß. In: Teutscher Merkur 5 (1777), S. 16–29

An meinen Vater. In: Teutscher Merkur 1777, S. 19

Fragment aus einer Farce, die Höllenrichter genannt [...]. In: Deutsches Museum 1777, S. 254–256

Die Geschichte auf der Aar. In: Musenalmanach oder Poetische Blumenlese auf das Jahr 1778, S. 62–65

Philosophische Vorlesungen für empfindsame Seelen. Frankfurt/M., Leipzig 1780

Entwurf einiger Grundsätze für die Erziehung überhaupt, besonders aber für die Erziehung des Adels. In: Für Leser und Leserinnen 2 (1780), S. 27–29

Empfindsamster aller Romane oder Lehrreiche und angenehme Lektüre für Frauenzimmer. In: Für Leser und Leserinnen 2 (1781), S. 1–45

Die sizilianische Vesper. Ein historisches Gemählde. In: Liefländisches Magazin der Lektüre 1 (1782), S. 19–72

Myrsa Polagi oder die Irrgärten, ein Lustspiel à la chinoise. In: Liefländisches Magazin der Lektüre 1 (1782), S. 229–281

Abgerissene Beobachtungen über den launigen Dichter. In: Deutsches Museum 7 (1782), S. 195–196

b) Nach seinem Tode (Auswahl)

Der Waldbruder. Ein Pendant zu Werthers Leiden. In: Die Horen 10 (1797), S. 85–102; 11 (1797), S. 92–130

Die Liebe auf dem Lande. In: Musen-Almanach für das Jahr 1798. Hg. von F. SCHILLER. S. 74–79

Tantalus. In: Ebda, S. 224–236

Pandaemonium Germanicum. Hg. von GEORG FR. DUMPF. Nürnberg 1819

Der verwundete Bräutigam. Hg. von KARL LUDWIG BLUHM. Berlin 1845

DORER-EGLOFF, EDUARD: J.M.R.L. und seine Schriften. Nachträge zu der Ausgabe von Ludwig Tieck und ihren Ergänzungen. Baden 1857

Als Sr. Hochedelgebohrnen der Herr Professor Kant, den 21. August 1770 für die Professorwürde disputirte. Hg. von RUDOLF REICKE. Königsberg 1867

Aus F. H. Jacobis Nachlaß. Nebst ungedruckten Gedichten von Goethe und L. Hg. von RUDOLF ZÖPPRITZ. Bd 2. Leipzig 1869

URLICHS, LUDWIG: Etwas von L. In: Deutsche Rundschau 11 (1877), S. 254–271

SCHMIDT, ERICH: Satirisches aus der Geniezeit. In: Archiv für Literaturgeschichte 9 (1880), S. 179–190

Der Waldbruder. Hg. von MAX VON WALDBERG. Berlin 1882

WEINHOLD, KARL: Anfang eines fantastischen Romans von L., von dessen eigener Hand. In: Goethe-Jb. 10 (1889), S. 46–70

Pandaemonium Germanicum (1775). Nach den Handschriften hg. von ERICH SCHMIDT. Berlin 1896 [Privatdruck]

SCHMIDT, ERICH: Lenziana. In: Sitzungsberichte der Kgl. Preuß. Akad. der Wiss. zu Berlin 24, 10 (1901), S. 994–996

Vertheidigung des Herrn W. gegen die Wolken von dem Verfasser der Wolken. Hg. von ERICH SCHMIDT. Berlin 1902 – Nachdruck: Nendeln 1968

Über die Soldatenehen. Hg. von KARL FREYE. Leipzig 1914

Briefe über die Moralität der Leiden des jungen Werthers. Hg. von LOTTE SCHMITZ-KALLENBERG. Münster 1918

GENTON, ELISABETH: Expositio ad hominem. In: EG 17 (1962), S. 259–269

–: Ein unveröffentlichter Brief von J.M.R.L. an Christian Heinrich Boie. In: Jb. der DSG 8 (1964), S. 6–18

PREUSS, WERNER H.: Drei unbekannte poetische Werke von J.M.R.L. In: WW 35 (1985), S. 257–266

Der Hofmeister. Synopt. Ausg. von Handschriften und Erstdruck. Hg. von MICHAEL KOHLENBACH. Basel, Frankfurt/M. 1986

Belinde und der Tod. Carrikatur einer Prosepopee. Basel 1988 [Mit Faksimile]

HASSENSTEIN, FRIEDRICH: Ein bisher unbekannter Brief von J.M.R.L. aus Petersburg. In: Jb. des FDH (1990), S. 112–117

3. Bearbeitungen Lenzscher Werke (Auswahl)

BAUERNFELD, EDUARD VON: Soldatenliebchen. Wien 1863

BRECHT, BERTOLT: Der Hofmeister nach J.M.R.L. In: Versuche. H. 11. Berlin 1951 [u.ö.]

BRUCKNER, FERDINAND: Die Buhlschwester. Komödie nach dem Plautus und R.L. in einem Akt. Berlin 1955 [Hektograph. Ms.]

GOLDMANN, FRIEDRICH: Hot oder die Hitze. Leipzig 1986 [Oper nach «Der Engländer»]

GURLITT, MANFRED: Die Soldaten. Oper. Wien, Leipzig 1930

HEIN, CHRISTOPH: Der neue Menoza oder Geschichte des Kumbanischen Prinzen Tandi. Komödie nach J.M.R.L. In: Ders.: Cromwell und andere Stücke. Berlin, Weimar 1981, S. 233–308

KIPPHARDT, HEINAR: Die Soldaten nach J.M.R.L. Frankfurt/M. 1968 – Neuausg. in: Ders.: Joel Brand und andere Theaterstücke. Reinbek 1988

REVERDY, M.: Le précepteur. Oper. Libretto von H.-U. Treichel [UA 1990]

ZIMMERMANN, BERND ALOIS: Die Soldaten. Mainz 1966

4. Bibliographische Hilfsmittel, Forschungsberichte

BENSELER, D.P.: J.M.R.L. An indexed bibliography with an introduction on the history of the manuscripts and editions. Diss. Univ. of Oregon 1971 [Masch.]

WINTER, HANS-GERD: J.M.R.L. Stuttgart 1987

5. Gesamtdarstellungen von Leben und Werk

BLUNDEN, ALLAN: J.M.R.L. In: German Men of Letters. Bd 6. London 1972, S. 209–240

BOËTIUS, HENNING: J.M.R.L. In: Deutsche Dichter. Bd 4. Hg. von GUNTER E. GRIMM u. FRANK R. MAX. Stuttgart 1989, S. 175–188

–: Der verlorene L. Frankfurt/M. 1985

DAMM, SIGRID: Vögel, die verkünden Land. Das Leben des J.M.R.L. Berlin, Weimar 1986 – Frankfurt/M. 1989

GIRARD, RENÉ: L. ou l'inquiétante étrangeté. In: EG 43 (1988), S. 15–24

GLASER, HORST: Heteroklisie – der Fall L. In: Gestaltungsgeschichte und Gesellschaftsgeschichte. Hg. von HELMUT KREUZER. Stuttgart 1969, S. 132–151

GRUPPE, OTTO FRIEDRICH: R. L. Leben und Werke. Berlin 1861

HEIN, CHRISTOPH: Waldbruder L. In: Ders.: Öffentlich arbeiten. Berlin, Weimar 1987, S. 70–96

KREUTZER, LEO: Literatur als Einmischung: J.M.R.L. In: Sturm und Drang. Hg. von W. HINCK. Frankfurt/M. 1989, S. 213–229

OEHLENSCHLÄGER, ECKART: J.M.R.L. In: Deutsche Dichter des 18. Jahrhunderts. Hg. von BENNO VON WIESE. Berlin 1977, S. 747–781

OSBORNE, JOHN: J.M.R.L. Göttingen 1975

ROSANOW, MATVEJ N.: J.M.R.L. Leipzig 1909 – Nachdruck: Leipzig 1972

RUDOLF, OTTOMAR: J.M.R.L., Moralist und Aufklärer. Bad Homburg v.d.H. u.a. 1970

6. Biographische Einzelfragen

BEUTHNER, J.: Der Dichter L. Beurteilung und Behandlung seiner Krankheit durch seine Zeitgenossen. Diss. Freiburg 1969 [Masch.]

BÖCKER, H.: Die Zerstörung der Persönlichkeit des Dichters J.M.R.L. durch beginnende Schizophrenie. Diss. Bonn 1969

BURGER, HEINZ OTTO: J.M.R.L. innerhalb der Goethe-Schlosserschen Konstellation. In: Dialog. Hg. von R. SCHÖNHAAR. Berlin 1973, S. 95–126

DÜNTZER, HEINRICH: Friederike und L. In: Ders.: Friederike von Sesenheim im Lichte der Wahrheit. Stuttgart 1893, S. 88–122

FALCK, PAUL TH.: Der Dichter J.M.R.L. in Livland. Eine Monographie [...], unbekannte Jugenddichtungen enthaltend. Winterthur 1878

–: Der Stammbaum der Familie L. in Livland nach einem neuen System. Nürnberg 1907

FREYE, KARL: J.M.R.L.ens Knabenjahre. In: Zs. für Geschichte der Erziehung und des Unterrichts 6 (1916), S. 174–193

FROITZHEIM, JOHANNES: L., Goethe und Cleophe Fibich von Straßburg. Straßburg 1888

–: Zur Straßburger Sturm-und-Drang-Periode, 1770–1776. In: Beiträge zur Landes- und Volkskunde von Elsaß-Lothringen. Bd 1, 7. Straßburg 1888, S. 24–59

HACKS, PETER: «L.ens Eseley». Warum wurde J.M.R.L. aus Weimar vertrieben? In: Transatlantik (1990), H. 8, S. 37–42

KAHN-WALLERSTEIN, CARMEN: J.M.R.L. und Cornelia Schlosser. In: Schweizer Rundschau 2 (1953), S. 93–100

KIRSCHFELDT, J.: Der Pietismus des Christian David L. In: Baltische Blätter für allg.-kulturelle Fragen 2 (1925), S. 99–105

Marcuse, Max: L. Vater und Sohn. In: Zs. für Sexualwissenschaft 14 (1928), S. 395–397

Mayer, W.: Zum Problem des Dichters L. In: Archiv für Psychiatrie und Nervenkrankheiten, 62. Bd (1920), S. 646 f.

Oberlin, Jean-Frédéric: Herr L... Edition des bisher unveröffentlichten Manuskripts. Hg. von Hartmut Dedert u. a. In: Revue des Langues Vivantes 42 (1976), S. 357–385

Petersen, Otto von: L. Vater und Sohn. In: Dankesgabe für Albert Leitzmann. Hg. von Fritz Braun u. a. Jena 1927, S. 91–103

Sivers, Jégor von: J.M.R.L. Riga, Leipzig 1879

Stöber, August: Der Dichter L. und Friederike von Sesenheim. Basel 1842

Straus, Ernst: Das Zeiterlebnis in der endogenen Depression und in der psychopathischen Verstimmung. In: Monatsschrift für Psychologie und Neurologie 68 (1928), S. 640–649

Weichbrodt, R.: Der Dichter L. Eine Pathographie. In: Archiv für Psychiatrie und Nervenkrankheiten 62 (1920), S. 153–187

7. Lenz, seine Zeit und Zeitgenossen, Sturm und Drang

Böhm, Michael: Zur Dialektik von philosophisch-weltanschaulichem Gehalt, ästhetischen Anschauungen und bürgerlichem Emanzipationsstreben in der geistigen Kultur des Sturm und Drang (Hamann und L.). Diss. Jena 1989

Daunicht, Richard: J.M.R.L. und Wieland. Diss. Berlin 1941

Eckardt, Julius: Livland im achtzehnten Jahrhundert. Leipzig 1876

Frank, Richard A.: L. contra Wieland. Rice University Press 1982

Froitzheim, Johannes: L. und Goethe. Stuttgart u. a. 1891

–: Salzmanns Verhalten gegen Goethe und L. In: Ders.: Friedrike von Sesenheim nach geschichtlichen Quellen. Gotha 1893, S. 72–81

Götting, Franz: Goethes Straßburger Freund Jung-Stilling. In: Nassauische Lebensbilder. Wiesbaden 1950, S. 75–91

Inbar, Eva Maria: Goethes L.-Porträt. In: WW (1978), S. 422–429

Jacobi, Günther: Herder als Faust. Leipzig 1911

Kaiser, Gerhard: Pietismus und Patriotismus im literarischen Deutschland. Zum Problem der Säkularisation. Wiesbaden 1961

Karamsin, Nikolai: Briefe eines reisenden Russen. Berlin 1922

Kreutzer, Leo: Der Klassiker und «ein vorübergehener Meteor»: J.M.R.L. In: Ders.: Mein Gott Goethe. Reinbek 1980, S. 81–101

Langmesser, August: Jakob Sarrasin, der Freund Lavaters, L.ens, Klingers u. a. Zürich 1899

Lavater-Sloman, M.: Genie des Herzens. Zürich, Stuttgart 1955

Leffzt, Joseph: Die gelehrten und literarischen Gesellschaften im Elsaß vor 1780. Heidelberg 1931

Madland, Helga: L. and Wieland. The dialectics of friendship and morality. In: Lessing Yearbook 18 (1986), S. 197–208

MENNHENNET, ALAN: Freedom in literature. Schiller and L. In: Ders.: Order and freedom. London 1973, S. 160–173

MILCH, WERNER: Christoph Kaufmann. Frauenfeld 1934

MÜLLER, GUSTAV ADOLF: Goethe-Erinnerungen in Emmendingen (Erw. Nachdruck der Ausgabe 1909). Emmendingen 1982

PASCAL, ROY: Der Sturm und Drang. Stuttgart 1963

POPE, TIMOTHY F.: J.M.R.L.s «Literarischer Zirkel» in Straßburg. In: Seminar 20 (1984), S. 235–245

SCHMIDT, ERICH: L. und Klinger, zwei Dichter der Geniezeit. Berlin 1878

SCHNEIDER, F. J.: Deutsche Dichtung der Geniezeit. Stuttgart 1952

SCHÖNE, ALBRECHT: Säkularisation als sprachbildende Kraft. Göttingen 1958

STÖBER, AUGUST: Der Aktuar Salzmann. Frankfurt/M. 1855

–: Johann Gottfried Röderer von Strassburg und seine Freunde. Colmar 1874

8. Zum Werk allgemein, Literaturtheorie und -geschichte, Sprache, Motive

ARNTZEN, HELLMUT: Die ernste Komödie. München 1968

BAUER, ROGER: Die Komödientheorie von J.M.R.L., die älteren Plautus-Kommentare und das Problem der «dritten» Gattung. In: Aspekte der Goethezeit. Hg. von STANLEY CORNGOLD u. a. Göttingen 1977, S. 11–37

–: «Plautinisches» bei J.M.R.L. In: Europäische Komödie. Hg. von HERBERT MAINUSCH. Darmstadt 1990, S. 289–303

BLUNDEN, ALLAN: Language and politics: The patriotic endeavours of J.M.R.L. In: DVjS 49 (1975), Sonderheft, S. 168–189

–: A study of the role of language in personal relationships in the major works of J.M.R.L. Diss. Cambridge 1973 [Masch.]

BROWE, PETER: Zur Geschichte der Entmannung. Breslau 1936

DOSENHEIMER, E.: Das deutsche soziale Drama von Lessing bis Sternheim. Konstanz 1949

DUNCAN, BRUCE: A «cool medium» as social corrective: J.M.R.L.s concept of comedy. In: Colloquia Germanica (1975), S. 232–245

–: Dark comedy in 18th Century Germany: Lessing and L. Diss. Cornell Univ. 1969 [Masch.]

GENTON, ELISABETH: L. – Klinger – Wagner. Diss. Berlin 1955 [Masch.]

GIM, CHANG-HUA: Dramaturgie des Realismus. Eine Untersuchung zur dramaturgischen Grundlage des empirischen Realismus bei J.M.R.L. unter dem Einfluß Shakespeares. Frankfurt/M. u. a. 1991

GIRARD, RENÉ: J.M.R.L. 1751–1792. Genèse d'une dramaturgie du tragi-comique. Paris 1968

GLUTH, OSKAR: L. als Dramatiker. Diss. München 1912

GUTHKE, KARL S.: Geschichte und Poetik der deutschen Tragikomödie. Göttingen 1961

GUTHRIE, J. D.: The theory of the «open» and «closed» form in the drama, with special reference to plays by R. L. and Georg Büchner. Diss. Cambridge 1980

HARRIS, E. P.: The structure of dramatic characterization in four plays of J.M.R.L. Diss. New Orleans 1967 [Masch.]

HAUSDORFF, GEORG: Die Einheitlichkeit des dramatischen Problems bei J.M.
R.L. Diss. Würzburg 1913

HAUSMANN, J. F.: Die Übereinstimmung von Hamann, Herder und L. in ihren
Ansichten über die deutsche Sprache. In: Euphorion 14 (1907), S. 256–259

HEINRICHSDORFF, PAUL: J.M.R.L.ens religiöse Haltung. Berlin 1932 – Nachdruck: Nendeln 1967

HINCK, WALTER: Das deutsche Lustspiel des 17. und 18. Jahrhunderts und die
italienische Komödie. Stuttgart 1965

HUBER-BINDSCHELLER, BERTA: Die Motivierung in den Dramen von J.M.R.L.
Ein Beitrag zur Psychologie L.ens. Diss. Zürich 1922

HUYSSEN, ANDREAS: Drama des Sturm und Drang. München 1980

KÄSER, R.: Die Schwierigkeit, ich zu sagen. Rhetorik der Selbstdarstellung in
Texten des «Sturm und Drang». Bern u. a. 1987

KIEFFER, BRUCE: The storm and stress of language. Linguistic catastrophy in the
early works of Goethe, L., Klinger and Schiller. University Park 1986

KUNZ, J.: Die Dramaturgie von J.M.R.L. In: EG 25 (1970), S. 53–61

LIEBMAN PARRINELLO, GIULI: Morale e società nell'opera di J.M.R.L. Neapel
1976

LORENZ, HEINZ: Die ästhetischen Anschauungen des Dramatikers J.M.R.L.
Diss. Greifswald 1968 [Masch.]

LYMAN, LINDA M.: L. and the development of modern tragi comedy. Diss. Univ.
of Oregon 1975

MCINNES, EDWARD: Die Regie des Lebens. Domestic Drama and the Sturm und
Drang. In: Orbis Litterarum (1977) 32, S. 269–284

MADLAND, HELGA: Imitation to creation. The changing concept of mimesis from
Bodmer and Breitinger to L. In: Eighteenth-century German authors and their
aesthetic theory. Hg. von R. CRITCHFIELD u. WULF KOEPKE. Columbia, S.C.
1988, S. 29–43

–: Non-Aristotelian drama in 18th century Germany and its modernity:
J.M.R.L. Bern u. a. 1982

MARTIN, G. M.: A note on the major plays of J.M.R.L. In: GLL 31 (1977/78),
S. 78–87

MARTINI, FRITZ: Die Poetik des Dramas im Sturm und Drang. In: Deutsche
Dramentheorie. Hg. von R. GRIMM. Bd 1. Frankfurt/M. 1971, S. 123–166

MARTINO, ALBERTO: Geschichte der dramatischen Theorien im 18. Jahrhundert.
Tübingen 1972

MATTENKLOTT, GERT: Melancholie in der Dramatik des Sturm und Drang. Stuttgart 1968

MAYER, DIETER: Vater und Tochter. Anmerkungen zu einem Motiv im deutschen Drama der Vorklassik. In: Literatur für Leser 3 (1980), H.3, S. 135–147

MEIER, WERNER: Der Hofmeister in der deutschen Literatur des 18. Jahrhunderts. Diss. Zürich 1938

MELCHINGER, S.: Dramaturgie des Sturm und Drangs. Gotha 1929

MÜLLER, MARIA E.: Die Wunschwelt des Tantalus. Kritische Bemerkungen zu
sozial-utopischen Entwürfen im Werk von J.M.R.L. In: Literatur für Leser
(1984), S. 148–161

NAHKE, EVAMARIE: Über den Realismus in J.M.R.L.ens Dramen und Fragmenten. Diss. Berlin 1955 [Masch.]

PERUGIA, S.: Die dramatischen Fragmente von J.M.R.L. Diss. München 1925

PETTER, WALTER: Das Satirische bei J.M.R.L.: Diss. Halle 1920 [Masch.]

PFÜTZE, C.: Die Sprache in J.M.R.L.ens Dramen. Diss. Leipzig 1890

POPE, TIMOTHY FAIRFAX: The concept of action in the works of J.M.R.L. Diss. University of British Columbia 1980

PREUSS, W. H.: Selbstkastration oder Zeugung neuer Kreatur. Zum Problem der moralischen Freiheit in Leben und Werk von J.M.R.L. Bonn 1983

RECTOR, MARTIN: La Mettrie und die Folgen. Zur Ambivalenz der Maschinen-Metapher bei J.M.R.L. In: Willkommen und Abschied der Maschinen. Hg. von ERHARD SCHÜTZ. Essen 1988, S. 23–41

RIZZO, ROBERTO: Strutture, linguiaggio e caratterizzazioni tipologiche nel teatro di L. e Büchner. Sala Bolognese 1976

SCHAER, WOLFGANG: Die Gesellschaft im deutschen Bürgerlichen Drama des 18. Jahrhunderts. Bonn 1963

SCHERPE, KLAUS R.: Dichterische Erkenntnis und «Projektemacherei». In: Sturm und Drang. Hg. von MANFRED WACKER. Darmstadt 1985, S. 279–314

–: Historische Widersprüche in der Gattungspoetik des 18. Jahrhunderts. In: Germ.-Roman. Monatsschrift 34 (1984), S. 312–322

SCHWARZ, HANS-GÜNTHER: Dasein und Realität. Theorie und Praxis des Realismus bei J.M.R.L. Bonn 1985

–: L., Herder und die ästhetisch-poetologischen Folgen der Shakespearerezeption. In: Ein Theatermann – Theorie und Praxis. Hg. von INGRID NOHL. München 1977, S. 225–230

SINNREICH, MARIA: Das gesellschaftskritische Element im Schaffen von J.M. R.L. Diss. Wien 1936 [Masch.]

STOCKMEYER, CLARA: Soziale Probleme im Drama des Sturmes und Dranges. Frankfurt/M. 1922

TITEL, BRITTA: «Nachahmung der Natur» als Prinzip dramatischer Gestaltung bei J.M.R.L. Diss. Frankfurt/M. 1962 [Masch.]

TORGGLER, JOSEPH: Sozialbewußtsein und Gesellschaftskritik bei J.M.R.L. Diss. Innsbruck 1957

WEISS, RICHARD A.: The attitudes of J.M.R.L. towards the ancient classics. Diss. New York Univ. 1968 [Masch.]

WIEN, WERNER: L.ens Sturm-und-Drang-Dramen innerhalb seiner religiösen Entwicklung. Berlin 1935

WIRTZ, TH.: «Halt's Maul». Anmerkungen zur Sprachlosigkeit bei J.M.R.L. In: Deutschunterricht (Stuttgart) 41 (1989), H. 6, S. 88–107

9. Zu einzelnen Werken

a) Dramen

ALBERT, CLAUDIA: Verzeihungen, Heiraten, Lotterien. Der Schluß des L.schen «Hofmeisters». In: WW 39 (1989), S. 63–71

BECKER-CANTARINO, BARBARA: J.M.R.L.: «Der Hofmeister». In: Dramen des Sturm und Drang. Stuttgart 1987, S. 33–56

BOHNEN, KLAUS: Irrtum als dramatische Sprachfigur. Sozialzerfall und Erziehungsdebatte in J.M.R.L. «Hofmeister». In: Orbis litterarum 42 (1987), S. 317–331

BURGER, HEINZ OTTO: L. «Der Hofmeister». In: Das deutsche Lustspiel. Hg. von HANS STEFFEN. Bd 1. Göttingen 1968, S. 48–67

BUTLER, MICHAEL: Character and paradox in L.s «Der Hofmeister». In: GLL 32 (1978/79), S. 95–103

DUNCAN, BRUCE: The comic structure of L.s «Soldaten». In: MLN 91 (1976), S. 515–523

EIBL, K.: «Realismus» als Widerlegung von Literatur. Dargestellt am Beispiel von L.s «Hofmeister». In: Poetica 6 (1974), S. 456–467

GERTH, KLAUS: «Vergnügen ohne Geschmack». J.M.R.L. «Menoza» als parodistisches «Püppelspiel». In: Jb des FDH (1988), S. 35–56

GIRARD, RENÉ: Théâtre et vie quotidienne. «Les soldats» de J.M.R.L. In: Revue d'Allemagne 3 (1971), S. 293–304

–: Die Umwertung des Tragischen in L.ens Dramaturgie unter besonderer Berücksichtigung der «Soldaten». In: Dialog. Hg. von R. SCHÖNHAAR. Berlin 1973, S. 127–138

GUTHKE, KARL S.: Klingers Fragment «Der verbannte Göttersohn», L.ens «Tantalus», und der humanistische Fatalismus und Nihilismus der Geniezeit. In: Wort und Werte. Berlin 1961, S. 111–122

–: L.ens Hofmeister und Soldaten, ein neuer Formtypus in der Geschichte des deutschen Dramas. In: WW 9 (1959), S. 274–286

–: Myrsa Polagi oder die Irrgärten. Ein J. M. R. L. zugeschriebenes Lustspiel. In: Jb. des FDH 1964, S. 59–101

–: Myrsa Polagi – Ein Drama von L.? In: Ders.: Wege zur Literatur. Bern, München 1967, S. 21–35

HAFFNER, H.: L.s «Der Hofmeister», «Die Soldaten». Mit Brechts «Hofmeister»-Bearbeitung und Materialien. München 1979

HEALY, M. H.: A language analysis of H. L. Wagner's «Die Kindsmörderin» and J. M. R. L.'s «Die Soldaten». Diss. Hull 1979

HINDERER, WALTER: Gesellschaftskritik und Existenzerhellung: «Der Hofmeister» von J. M. R. L. In: Ders.: Über deutsche Literatur und Rede. München 1981, S. 66–94

–: L.: «Der Hofmeister». In: Die deutsche Komödie. Hg. von WALTER HINCK. Düsseldorf 1977, S. 66–88

HÖLLERER, WALTER: J. M. R. L., «Die Soldaten». In: Das deutsche Drama vom Barock bis zur Gegenwart. Hg. von BENNO VON WIESE. Düsseldorf 1958, S. 127–146

Huyssen, Andreas: Gesellschaftsgeschichte und literarische Form: J. M. R. L.s Komödie «Der Hofmeister». In: Monatshefte 71 (1979), S. 131–144

Kaiser, Ilse: «Die Freunde machen den Philosophen», «Der Engländer», «Der Waldbruder» von J. M. R. L. Diss. Erlangen 1916

Knopf, Jan: Noch einmal: Pätus. Zur Vaterschaft in L.s «Hofmeister». In: DVjS 54 (1980), S. 517–519

Koneffke, Marianne: Der «natürliche» Mensch in der Komödie «Der neue Menoza» von J. M. R. L. Frankfurt/M. u. a. 1990

Kopfermann, Thomas: Bürgerliches Selbstverständnis: J. M. R. L.: «Der Hofmeister»; [...]. Stuttgart 1988

–: Soziales Drama: Georg Büchner: «Woyzeck», Gerhart Hauptmann: «Die Weber», J. M. R. L.: «Die Soldaten», Friedrich Wolf: «Cyankali». Stuttgart 1986

Kraemer, Herbert: J. M. R. L.s «Die Soldaten». Stuttgart 1974

Lappe, Claus O.: Wer hat Gustchens Kind gezeugt? Zeitstruktur und Rollenspiel in L.s «Hofmeister». In: DVjS 54 (1980), S. 14–46

Liewerscheidt, Dieter: J. M. R. L.: «Der neue Menoza», eine apokalyptische Farce. In: WW 33 (1983), S. 144–152

Lützeler, Paul Michael: J. M. R. L.: «Die Soldaten». In: Dramen des Sturm und Drang. Stuttgart 1987, S. 129–159

–: J. M. R. L.: «Die Soldaten» (1776). In: Ders.: Geschichte in der Literatur. München, Zürich 1987, S. 40–66

Madland, Helga Stipa: Gesture as evidence of language skepticism in L.s «Der Hofmeister» and «Die Soldaten». In: German Quarterly 57 (1984), S. 546–557

McInnes, Edward: J. M. R. L.: «Die Soldaten». München, Wien 1977

Meyer, Willi: L.s «Hofmeister». Diss. Erlangen 1933 [Masch.]

Michel, Willi: Sozialgeschichtliches Verstehen und Kathartische Erschütterung. L.s Tragikomödie «Der Hofmeister». In: Ders.: Die Aktualität des Interpretierens. Heidelberg 1978, S. 34–57

Müller, Udo: Lektürehilfen J. M. R. L. «Der Hofmeister oder die Vorteile der Privaterziehung», «Die Soldaten». Stuttgart 1991

Murat, Jean: Le «Pandaemonium Germanicum». In: Revue d'Allemagne 3 (1971), S. 255–266

Parkes, Ford Briton: Epische Elemente in J. M. R. L.ens Drama «Der Hofmeister». Göppingen 1973

Pastoors-Hagelüken, Marita: Die «übereilte Comödie». Möglichkeiten und Problematik einer neuen Dramengattung am Beispiel des «Neuen Menoza» von J. M. R. L. Frankfurt/M. u. a. 1990

Petersen, Otto von: Myrsa Polagi oder Die Irrgärten, ein neu entdecktes Lustspiel des Sturm-und-Drang-Dichters J. M. R. L. Diss. Jena 1924

Petrich, R. E.: Religion und Komödie: «Der Hofmeister» von J. M. R. L. In: Wege der Worte. Hg. von D. C. Riechel. Köln, Wien 1978, S. 277–287

Rector, Martin: Götterblick und menschlicher Standpunkt. J. M. R. L.s Komödie «Der neue Menoza» als Inszenierung eines Wahrnehmungsproblems. In: Jb. der DSG 33 (1989), S. 185–209

REIFF, P.: «Pandaemonium Germanicum» by J. M. R. L. In: MLN 18 (1903), S. 69–72

STAMMLER, W.: «Der Hofmeister» von J. M. R. L. Diss. Halle 1908

UNGER, GERHARD: L.s «Hofmeister». Diss. Göttingen 1942

UNGLAUB, ERICH: Ein neuer Menoza? Die Komödie «Der neue Menoza» von J. M. R. L. und der «Menoza»-Roman von Erik Pontoppidan. In: Orbis Litterarum 44 (1989), S. 10–47

–: Werkimmanente Poetik als Dramenschluß. Zur Frage nach dem ursprünglichen Schluß der Komödie «Der neue Menoza» von J. M. R. L. In: Text und Kontext 15 (1987), S. 182–187

VOIT, FR.: J. M. R. L., Der Hofmeister oder Vorteile der Privaterziehung. Stuttgart 1986

WALDECK, PETER B.: J. M. R. L.: «Der Hofmeister». In: Ders.: The split self from Goethe to Broch. London 1979, S. 46–61

WERNER, FRANZ: Soziale Unfreiheit und «bürgerliche Intelligenz» im 18. Jahrhundert. Der organisierende Gesichtspunkt in J. M. R. L.ens Drama «Der Hofmeister oder Vorteile der Privaterziehung». Frankfurt/M. 1981

WESLE, C.: Über die «Katharina von Siena» von J. M. R. L. In: Zs. für dt. Philologie 46 (1915), S. 229–254

WIESMEYER, MONIKA: Gesellschaftskritik in der Tragikomödie. «Der Hofmeister» (1774) und «Die Soldaten» (1776) von J. M. R. L. In: New German Review 2 (1986), S. 55–68

WOLFF, H. M.: The controversy over the theatre in L. «Die Soldaten». In: Germanic Review 14 (1939), S. 159–164

b) Lyrik

ANWAND, O.: Beiträge zum Studium der Gedichte von J. M. R. L. München 1897

DWENGER, HEINZ: Der Lyriker L., seine Stellung zwischen petrarchischer Formensprache und Goethescher Erlebniskunst. Diss. Hamburg 1961 [Masch.]

HIRSCHFELD, ANNI: J. M. R. L. als Lyriker. Diss. Frankfurt/M. 1924 [Masch.]

MAURER, THEODOR: Die Sesenheimer Lieder. Straßburg 1907

SCHRÖDER, EDWARD: Die Sesenheimer Lieder von Goethe und L. In: Nachrichten der kgl. Ges. der Wiss. zu Göttingen. Göttingen 1905, S. 51–115

STERN, MANFRED: Akzente des Grams; mit einem Anhang. Vier unveröffentlichte Briefe von L. an Heinrich Füßli. In: Jb. der DSG 10 (1966), S. 160–188

VONHOFF, GERT: Subjektkonstitution in der Lyrik von J. M. R. L. mit einer Auswahl neu herausgegebener Gedichte. Frankfurt/M. 1990

c) Prosa, Briefe, theoretische Schriften

BLUNDEN, ALLAN G.: A case of elusive identity: the correspondance of J. M. R. L. In: DVjS 50 (1976), S. 103–126

CHANTRE, JEAN-CLAUDE: Les considérations religieuses et esthétiques d'un «Stürmer und Dränger». Bern u. a. 1982

DEDERT, HARTMUT: J. M. R. L. Kritik und Konstruktion. In: Ders.: Die Erzählung im Sturm und Drang. Stuttgart 1990, S. 36–95, 229–241

FRIEDRICH, THEODOR: Die «Anmerkungen übers Theater» des Dichters J. M. R. L. Leipzig 1908

FURST, LILIAN R.: The dual face of the grotesque in Sterne's «Tristram Shandy» and L.s «Der Waldbruder». In: Comparative Lit. Studies 13 (1976), S. 15–21

HEINE, THOMAS: L.s «Waldbruder». In: GLL 33 (1979/80), S. 183–189

LIEBMAN, GIULI: Werther fra impegno morale e autonomia estetica nei «Briefe über die Moralität der Leiden des jungen Werther» di J. M. R. L. In: Annali 18 (1975), S. 1–18

MARTINI, FRITZ: Die Einheit der Konzeption in J. M. R. L.s «Anmerkungen übers Theater». In: Sturm und Drang. Hg. von MANFRED WACKER. Darmstadt 1985, S. 250–278

OSBORNE, JOHN: Exhibition and criticism. J. M. R. L.s «Briefe über die Moralität der Leiden des jungen Werther». In: Seminar 10 (1974), S. 199–212

–: From Pygmalion to Dibutade. Introversion in the prose writings of J. M. R. L. In: Oxford German Studies 8 (1973), S. 23–46

–: The postponed idyll. Two moral tales by J. M. R. L. In: Neophilologus 59 (1975), S. 68–83

PAUSCH, HOLGER: Zur Widersprüchlichkeit in der L.schen ‹Dramaturgie›. In: Maske und Kothurn 1971, S. 97–108

SOMMERFELD, MARTIN: J. M. R. L. und Goethes Werther. In: Euphorion 24 (1922), S. 68–107

STÖTZER, JÜRGEN: Eigenwert und Stellung der epischen Texte im Gesamtwerk von J. M. R. L. Diss. Berlin 1990

WURST, KARIN A.: Überlegungen zur ästhetischen Struktur von J. M. R. L.s «Der Waldbruder», ein Pendant zu Werthers Leiden. In: Neophilologus 74 (1990), S. 70–86

d) Übertragungen

BLUNDEN, ALLAN: L., language, and «Love's Labour's Lost». In: Colloquia Germanica (1974), S. 252–274

BRUNKHORST, MARTIN: Shakespeares ‹Coriolanus› in deutscher Bearbeitung. Berlin 1973

CLARKE, KARL H.: L.s Übersetzungen aus dem Englischen. In: Zs. f. vergleichende Literaturgeschichte 10 (1896), S. 110–150, 385–418

CONRADY, KARL OTTO: Zu den deutschen Plautusübertragungen. In: Euphorion 48 (1954), S. 373–396

MÜLLER, JOHANNES H.: J. M. R. L.s «Coriolan». Diss. Jena 1930

PELZER, J.: Das Modell der «alten» Komödie. Zu L.s «Lustspielen nach dem Plautus». In: Orbis litterarum 42 (1987), S. 168–177

REINHARDSTOETTNER, KARL VON: Plautus. Spätere Bearbeitungen plautinischer Lustspiele. Leipzig 1886

SCHLÖSSER, A.: «Love's Labour's Lost». In: Zs. für Anglistik und Amerikanistik 13 (1965)

Shakespeare-Handbuch. Hg. von INA SCHABERT. Stuttgart 1972

BECKER, P.: Aspekte der L.-Rezeption in Bernd A. Zimmermanns Oper «Die Soldaten». In: Musiktheater heute. Hg. von H. KÜHN. Mainz u. a. 1982, S. 94–104

BERTRAM, MATTHIAS: Zum L.-Bild Ludwig Tiecks. In: Zs. für Germanistik 8 (1987), S. 588–591

BLEIBTREU, KARL: Revolution der Literatur. Leipzig 1886 – Neudruck: Tübingen 1973

BLUNDEN, ALLAN: J. M. R. L. and Leibniz. In: Sprachkunst 9 (1978), S. 3–18

BURKE, ILSE H.: «Man muß die Menschheit lieben». Georg Büchner und J. M. R. L. Diss. Michigan State University 1987

DIFFEY, NORMAN R.: J. M. R. L. and Jean-Jacques Rousseau. Bonn 1981

GENTON, ELISABETH: Ein Brief Ludwig Tiecks über die nachgelassenen Schriften von L. In: Jb. Stiftung Kippenberg NF 1 (1963), S. 169–184

–: J. M. R. L. et la scène Allemande. Paris 1966

GIESE, P. CH.: Das Gesellschaftlich-Komische. In: Ders.: Komik und Komödie am Beispiel der Stücke und Bearbeitungen Brechts. Stuttgart 1974, S. 160–210

GÖRISCH, REINHARD: Matthias Claudius und der Sturm und Drang. Vergleiche mit Goethe, Herder, L., Schubart u. a. [...]. Frankfurt/M. u. a. 1981

GRATHOFF, DIRK: Literarhistorische Ungleichzeitigkeiten. Der «Hofmeister» von L. zu Brecht. In: Studien zur Ästhetik und Literaturgeschichte der Kunstperiode. Hg. von DIRK GRATHOFF. Frankfurt/M., Bern 1985, S. 163–207

GREINER, BERNHARD: Bürgerliches Lachtheater als Komödie in der DDR: J. M. R. L. «Der neue Menoza», bearbeitet von Christoph Hein. In: Die Literatur der DDR 1976–1986. Hg. von A. CHIARLONI u. a. Pisa 1988, S. 329–345

GUTHRIE, JOHN: L. and Büchner. Frankfurt/M. u. a. 1984

HEISTER, HANS W.: Natur, Kreatur, Gesellschaft. J. M. R. L. und das neue deutsche Musiktheater. In: Jb. der Hamburg. Staatsoper 7 (1980), S. 184–203

HINCK, WALTER: Produktive Rezeption heute. Am Beispiel der sozialen Dramatik von J. M. R. L. und H. L. Wagner. In: Sturm und Drang. Hg. von W. HINCK. Frankfurt/M. 1989, S. 257–269

INBAR, EVA MARIA: Shakespeare in Deutschland. Der Fall L. Tübingen 1982

KINDERMANN, HEINZ: J. M. R. L. und die deutsche Romantik. Wien, Leipzig 1925

KITCHING, LAURENCE P. A.: Der Hofmeister. A critical analysis of Bertolt Brecht's adaption of J. M. R. L.'s drama. München 1976

KNOPF, JAN: Brecht-Handbuch. Theater. Stuttgart 1980, S. 292–315

LANG, WALTER: L. und Hauptmann. Diss. Frankfurt/M. 1921

MADLAND, HELGA: A question of norms. The stage reception of L.'s «Hofmeister». In: Seminar 23 (1987), S. 98–114

MANN, GRANT TH.: J. M. R. L. and George Büchner. Diss. Univ. of Michigan 1979

MAYER, HANS: Brecht und die Tradition. München 1965

–: L., Büchner und Celan. In: Ders.: Vereinzelt Niederschläge. Pfullingen 1973

Mensing, Erwin: Jüngste deutsche Dichter in ihren Beziehungen zu J. M. R. L. Diss. München 1927

Mittenzwei, W.: Brechts Verhältnis zur Tradition. Berlin 1972

Neumann, F. W.: L. und der Impressionismus. Diss. Königsberg 1925

Osborne, John: L., Zimmermann, Kipphardt. In: GLL 38 (1984/85), S. 385–394

Parker, John R.: Some reflections on Georg Büchners «L.» and its principal source, the Oberlin record. In: GLL 21 (1967/68), S. 103–111

Pütz, Heinz-Peter: Büchners «L.» und seine Quelle. In: Zs. für dt. Philologie 84 (1965), S. 1–22

Rauch, Hermann: L. and Shakespeare. Berlin 1892

San-Giorgiu, Jon: Sébastien Merciers dramaturgische Ideen im Sturm und Drang. Diss. Basel 1921

Schoeps, Karl H.: Zwei moderne Lenzbearbeitungen (Brecht und Kipphardt). In: Monatshefte 67 (1975), S. 437–451

Schwarz, Hans Günther: L. und Shakespeare. In: Jb. der dt. Shakespeare-Gesellschaft (West) 1971, S. 85–96

Spalter, Max: Brecht's tradition. Baltimore 1967, S. 3–36

Stephan, Inge, und Hans G. Winter: «Ein vorübergehender Meteor»? J. M. R. L. und seine Rezeption in Deutschland. Stuttgart 1984

Stölter, Jürgen: «L., ein Schatten nur einer ungesehenen Tradition»? Aspekte der Rezeption J. M. R. L. bei Christoph Hein. In: Zs. für Germanistik 9 (1988), S. 429–441

Subiotti, A.: Bertolt Brecht's Adaption for the Berliner Ensemble. London 1975

Unglaub, Erich: «Das mit den Fingern deutende Publicum». Das Bild des Dichters J. M. R. L. in der literarischen Öffentlichkeit 1770–1814. Frankfurt/M. u. a. 1983

Wiesmann, Sigrid: Bedingungen der Komponierarbeit. Bernd Alois Zimmermanns «Die Soldaten». In: Für und wider die Literaturoper. Zur Situation nach 1945. Hg. von Sigrid Wiesmann. Laaber 1982, S. 27–37

Wolff, H. M.: Zur Bedeutung Batteux' für L. In: MLN 56 (1941), S. 508–513

Wolffheim, Hans: Die Entdeckung Shakespeares. Deutsche Zeugnisse des 18. Jahrhunderts. Hamburg 1959, S. 9–99

Zerinschek, Klaus: J. M. R. L.s Werke auf dem modernen Musiktheater. Diss. Innsbruck 1981 [Masch.]

Zimmermann, Bernd Alois: L. und neue Aspekte der Oper. In: blätter und bilder 9 (1960), S. 39–44

Zimmermann, R. Ch.: Marginalien zur Hofmeister-Thematik und zur «Teutschen Misere» bei L. und bei Brecht. In: Drama und Theater im 20. Jahrhundert. Hg. von H. D. Irmscher und W. Keller. Göttingen 1983, S. 213–227

NAMENREGISTER

Die kursiv gesetzten Zahlen bezeichnen die Abbildungen

ÜBER DEN AUTOR

Curt Hohoff, geboren 18. März 1913 in Emden. Besuch des humanistischen Gymnasiums, seit 1932 Studium der Germanistik in Münster, Berlin, München und Cambridge. 1936 Promotion und Staatsexamen. Seitdem als Freier Schriftsteller und Rundfunkautor in München. Mitglied der Akademie der Künste Berlin und der Bayerischen Akademie der Schönen Künste.